글 고희정

이화여자대학교에서 과학 교육을 전공하고 석사 학위를 받았습니다.
중·고등학교와 대학교에서 과학을 가르쳤고, 방송 작가로 일하며 《딩동댕 유치원》,
《방귀대장 뿡뿡이》, 《생방송 톡톡 보니하니》, 《뽀뽀뽀》, 《꼬마요리사》, EBS 다큐프라임
《자본주의》, 《부모》, 《인문학 특강》 등의 프로그램을 만들었습니다. 지은 책으로는
《어린이 과학 형사대 CSI》, 《어린이 사회 형사대 CSI》, 《토토 수학 놀이터》,
《신통하고 묘한 고양이 탐정》, 《육아 불변의 법칙》, 《훈육 불변의 법칙》 등이 있습니다.

그림 조승연

홍익대학교에서 미술을 공부하고 지금은 어린이책 일러스트레이터로 활동하고
있습니다. 그린 책으로 《미래가 온다, 뇌 과학》, 《미래가 온다, 게놈》, 《수학 탐정스》,
《열려라, 한국사》, 《방과 후 초능력 클럽》, 《행복, 그게 뭔데?》, 《위험한 갈매기》,
《탄탄동 사거리 만복 전파사》, 《도둑왕 아모세》, 《달리는 기계, 개화차, 자전거》 등이
있습니다.

감수 류정민

서울아산병원 소아전문응급센터장을 거쳐, 서울아산병원 명예교수로서 현재
순천향대학교 천안병원 소아전문응급의료센터장으로 일하고 있습니다. 순간적인
실수나 잘못된 대처로 어려움을 겪는 아이와 부모를 돕기 위해 병원 안팎에서 최선을
다하고 있습니다. 쓴 책으로는 《육아 상담소 응급》이 있으며, 《구급 대장 베니와
함께하는 삐뽀삐뽀 119 어린이 안전 교실(전6권)》을 감수했습니다.

의사 어벤저스

㉒ 복통, 위기를 감지하라!

초판 1쇄 발행 2025년 6월 20일
초판 3쇄 발행 2026년 1월 5일

지은이 고희정
그린이 조승연
감　수 류정민

펴낸이 김남전
편집장 유다형 | 기획·책임편집 임형진 | 편집 이경은 김성윤 김선경 | 디자인 권석연
마케팅 정상원 한웅 정용민 김건우 | 경영관리 김경미

펴낸곳 ㈜가나문화콘텐츠 | 출판 등록 2002년 2월 15일 제10-2308호
주소 경기도 고양시 덕양구 호원길 3-2
전화 02-717-5494(편집부) 02-332-7755(관리부) | 팩스 02-324-9944
홈페이지 ganapub.com | 인스타그램 instagram.com/ganapub1
페이스북 facebook.com/ganapub1

ISBN 979-11-6809-153-5 (74510)
　　　979-11-6809-151-1 (세트)

ⓒ 2025. 고희정 조승연 임형진

※ 책값은 뒤표지에 표시되어 있습니다.
※ 이 책의 내용을 재사용하려면 반드시 저작권자와 ㈜가나문화콘텐츠의 동의를 얻어야 합니다.
※ 잘못된 책은 구입하신 서점에서 바꾸어 드립니다.
※ '가나출판사'는 ㈜가나문화콘텐츠의 출판 브랜드입니다.

- 제조자명: (주)가나문화콘텐츠
- 주소 및 전화번호: 경기도 고양시 덕양구 호원길 3-2 / 02-717-5494
- 제조연월: 2026년 1월 5일
- 제조국명: 대한민국
- 사용연령: 4세 이상 어린이 제품

가나출판사는 당신의 소중한 투고 원고를 기다립니다. 책 출간에 대한 기획이나 원고가 있으신 분은
이메일 ganapub@naver.com으로 보내 주세요.

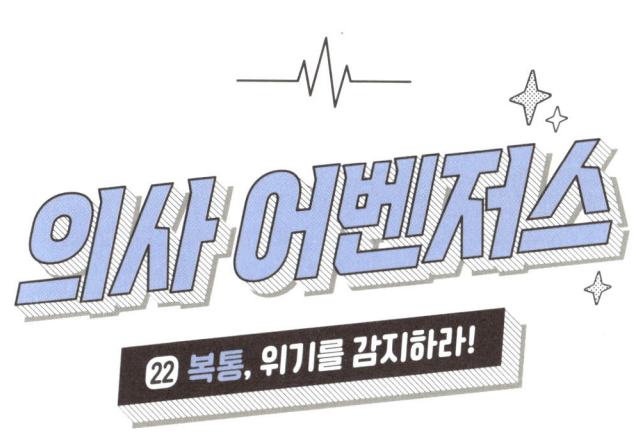

골절인데, 복통?

골절 ... 16   배(복부) ... 24   복통 ... 26
장 파열 ... 32   갑자기 배가 아플 때는 ... 36

응급실 ... 44   골절 응급 처치 ... 48
개복술 ... 54   췌장 ... 56   쇼크 ... 62

많이 먹으면 정말 배가 터질까? ... 72
소화 불량 ... 76   수술용 장갑을 만든 할스테드 ... 82
환자의 권리와 의무 ... 86
최초의 생명체는 무엇이었을까? ... 92

과민성 대장 증후군 ... 98
강아지가 똥을 먹는다고? ... 102   크론병 ... 106
대장 내시경 검사 ... 110   과민성 대장 증후군에 좋은 음식 ... 118

장중첩증 ... 130   공기 정복술 ... 134   유동식 ... 138
초콜릿은 왜 달콤할까? ... 142
옛날에는 어떻게 의사가 됐을까? ... 146

등장인물

강훈

정의로운 데다 최고의 실력을 갖췄지만, 까칠한 성격 때문에 '시베리아'라고 불린다.
응급 의학과 펠로 2년 차로, 미국 최고의 어린이 병원에서 펠로를 하다가 권역 외상 센터에 합류한다.

장하다

착한 심성으로 누구에게나 따뜻한 마음으로 대한다. 중환자 의학과 펠로 2년 차로, '비타민'으로 불린다.

이로운

정형외과 펠로 1년 차로, 권역 외상 센터에 합류한다. 게임 덕후지만 응급 호출이 오면 번개같이 나타나 '홍길동'으로 불린다.

나선우

흉부외과 펠로 1년 차로, 권역 외상 센터에 합류한다. 늘 자신감이 넘치고 나서기를 좋아해 '나 대장'으로 불린다.

구해조

레지던트 3년 차로, 치프 레지던트로 활약하고 있다. 긍정적이고 활달한 성격에 귀가 밝아 '토끼'로 불린다.

레지던트 2년 차로, 화려한 꾸밈새, 거침없는 행동으로 '공주병'으로 불리다가 응급실 기강을 잡는 '공포탄'으로 활약한다.

외상 외과 펠로 2년 차로, 어렸을 때부터 천재로 유명했다. 미국에서 천재 외과 의사로 이름을 날리다가 권역 외상 센터에 팀장으로 합류한다. 자신감이 지나쳐 '왕재수'라 불린다.

레지던트 1년 차로, 한국인 아빠와 영국인 엄마 사이의 다문화 가정에서 태어났다. 스스로 알아서 하는 성격 때문에 '안 졸라'로 불린다.

인턴. 남들을 웃기는 걸 좋아하지만, 개그보다는 공부에 소질이 있어 의사가 되었다. 시도 때도 없는 개그로 분위기를 썰렁하게 만들어 '썰렁맨'으로 불린다.

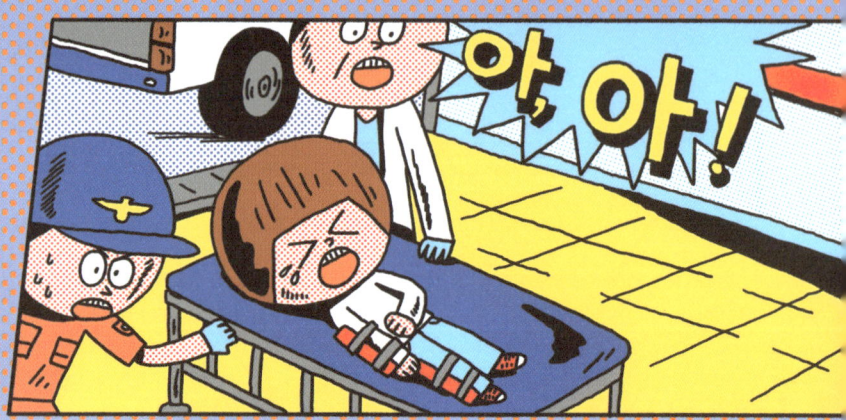

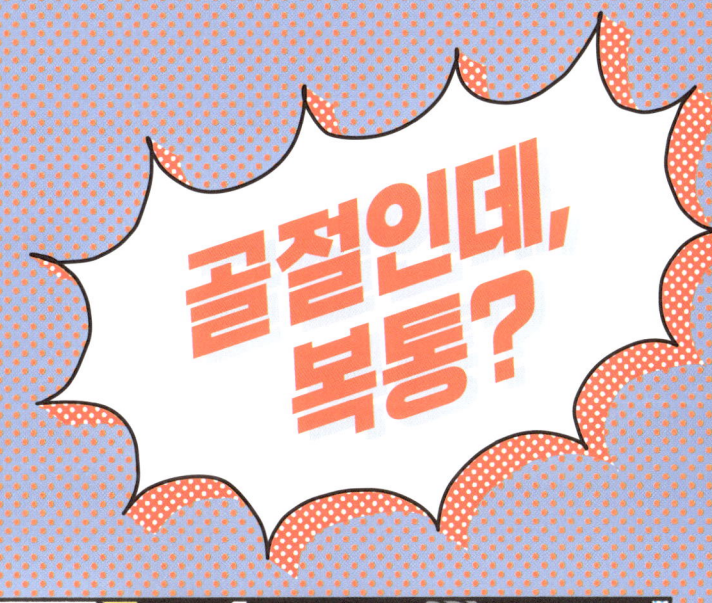

골절인데, 복통?

"삐뽀삐뽀~."

요란한 사이렌과 함께 응급실에 앰뷸런스가 도착했다. 곧이어 구급대원이 차에서 내려 뒷문을 열었다. 침대 옆에 타고 있던 할머니가 사색이 되어 먼저 내리고, 뒤이어 같이 타고 있던 구급대원이 내렸다.

"아, 아."

침대에 누워 있는 아이가 고통스럽게 신음했다. 오른쪽 팔다리에 부목을 대고 있는 것으로 보아, 골절상을 입은 것이 분명하다. 구급대원들이 황급히 이동식 침대를 내려 응급실로 끌고 들어가고, 할머니가 그 뒤를 따랐다.

응급실 출입문이 열리자, 구급대원이 소리쳤다.

"환자입니다."

응급실 수간호사인 최진심 간호사가 재빨리 와서 환자의

상태를 살펴보며 물었다.

"어떻게 다친 환자인가요?"

"오른쪽 팔다리에 골절상을 입었어요. 내리막길에서 자전거를 타다 전봇대를 들이박았답니다."

구급대원의 대답에 최 간호사가 할머니에게 물었다.

"환자 이름이랑 나이는요?"

할머니가 걱정스러운 표정으로 대답했다.

"박성훈이요. 나이는 열 살이에요."

최 간호사가 침대로 안내했다.

"이쪽으로 오세요."

구급대원들이 따라가 이동식 침대에서 성훈이를 들어 응급실 침대로 옮겼다.

"아~ 아파요. 으앙."

성훈이가 울음을 터뜨렸다. 최 간호사가 얼른 체온과 혈압, 맥박을 재며 달랬다.

"그래, 아프지. 이제 병원에 왔으니까 걱정하지 마. 곧 의사 선생님이 고쳐 주실 거야."

"네……. 흑흑."

성훈이는 손으로 눈물을 닦으며 훌쩍였다. 그때, 인턴 우기남이 다가와 물었다.

"아유, 어쩌다 이렇게 많이 다쳤어요?"

붕대로 감아 놓은 다리에서 피가 많이 나고 있었기 때문이다. 최 간호사가 설명했다.

"내리막길에서 자전거를 타다 전봇대를 들이박았답니다."

"어이쿠, 큰일날 뻔했네."

그러더니 성훈이의 머리를 살펴보고 물었다.

"머리 쪽은 괜찮아요?"

자전거를 타다 넘어지면 머리를 다치는 경우가 많고, 그로 인해 뇌출혈이나 뇌 골절이 발생할 수 있기 때문이다. 다행히 머리 쪽에는 외상이 없었다.

"네, 헬멧을 쓰고 있어서 머리 쪽은 안 다친 거 같아요."

구급대원의 말에 우기남이 익살스러운 표정을 지으며 엄지를 치켜세웠다.

"굿~. 자전거 탈 때는 헬멧이 필수! 아주 잘~ 했어요."

그러자 아파서 울고 있던 성훈이가 웃음을 터뜨렸다.

"풋!"

우기남의 말투며 표정이 개그맨 같았기 때문이다. 우기남은 사람들을 웃기기 좋아한다. 그래서 의사나 간호사들뿐 아니라, 환자들에게도 종종 웃긴 말이나 행동을 한다. 사람들이 자신의 개그에 웃으면 왠지 뿌듯하고 행복하다고나 할까. 문제는 시도 때도 없이 개그를 하다 분위기를 썰렁하게 만든다는 것이다. 그래서 별명도 '썰렁맨'이다.

그러나 어린 환자들에게 우기남의 개그는 잘 통한다. 아프고 무서운 마음을 잠시나마 잊게 해 주기 때문이다. 방금 울고 있던 성훈이가 웃은 것처럼 말이다.

성훈이가 웃자, 우기남이 성훈이의 팔과 다리의 상태를 살피며 최 간호사에게 물었다.

"바이털은 어때요?"

바이털 사인은 우리말로 '활력 징후'라고 하는데, 환자의 체온, 호흡, 맥박, 혈압 등의 수치를 말한다.

"체온은 36.7도, 혈압 115에 80, 맥박 수 96입니다."

최 간호사가 대답하자, 우기남은 고개를 끄덕이더니 성훈이에게 말했다.

"괜찮네요. 다친 곳 좀 볼게요."

그러고는 팔다리에 고정시켜 놓은 부목과 붕대를 푼 다음, 상처 위에 덮어 놓은 거즈를 걷고 부상 정도를 살폈다.

"아, 아."

성훈이가 우기남이 손을 댈 때마다 신음했다. 그런데 정말 아파할 만했다. 다리는 부러진 뼈가 피부를 찢고 밖으로 튀어나온 개방성 골절로, 피가 많이 나고 있었다. 또 팔도 피부가

빨갛게 부어오른 것으로 봐서 골절이 의심됐다.

우기남이 최 간호사에게 말했다.

"혈액 검사하고, 항생제랑 진통제 투여하겠습니다."

항생제는 세균을 죽이거나 세균이 자라는 것을 막아 주는 약이다. 골절, 특히 개방성 골절이 발생하면 외부 세균에 감염될 확률이 높기 때문에 바로 항생제를 투여해야 한다. 또 진통제는 통증을 느끼지 못하게 해 주는 약이다. 성훈이가 많이 아파하니, 고통을 줄여 주기 위해 주는 것이다.

"네, 알겠습니다."

최 간호사가 대답하고, 혈관 주사를 준비하러 갔다. 우기남이 할머니에게 설명했다.

"상처 부위를 세척하고, 엑스레이를 찍어 봐야 하는데요. 다리는 상태가 심해서 수술해야 할 것 같습니다."

"수술이요?"

할머니가 화들짝 놀라며 되묻자, 우기남이 대답했다.

"네, 뼈가 밖으로 튀어나와서 감염될 확률이 높고, 주변 조직도 많이 상했거든요. 일단 엑스레이 결과를 보고 다시 말씀 드리겠습니다."

"알겠습니다."

할머니가 안타까운 표정으로 대답했다.

우기남은 데스크로 가서 영상 의학과에 엑스레이 촬영을 의뢰했다. 그사이, 최 간호사는 성훈이의 팔 정맥에 주삿바늘을 꽂고 도관을 연결해 혈액을 채취한 다음, 수액과 항생제를 투여했다. 또 엉덩이에 근육 주사로 진통제를 놓았다. 그리고 성훈이를 외상 처치실로 데리고 갔다.

잠시 후, 우기남이 처치실로 들어와 성훈이에게 설명했다.

"상처 부위를 씻어 내야 하는데, 많이 아플 거예요. 조심해서 빨리할 테니까 아파도 좀 참아 줘요."

아프다는 말에 성훈이가 겁먹은 표정으로 고개를 끄덕였다. 최 간호사가 할머니에게 부탁했다.

"움직이지 못하게 몸 좀 꽉 잡아 주세요."

그러자 할머니는 성훈이의 윗몸을 팔로 감싸 안았다. 최 간호사는 성훈이의 양쪽 허벅지를 단단히 잡았다. 우기남이 성훈이의 상처 부위에 생리 식염수를 조심스럽게 붓기 시작했다.

"아, 아~. 으악!"

성훈이가 아파하며 소리쳤다. 우기남이 성훈이를 달랬다.

"다 했어요. 조금만 참아요."

우기남은 생리 식염수로 상처를 깨끗하게 씻어 낸 후, 거즈를 덮고 붕대를 감았다.

"엉엉."

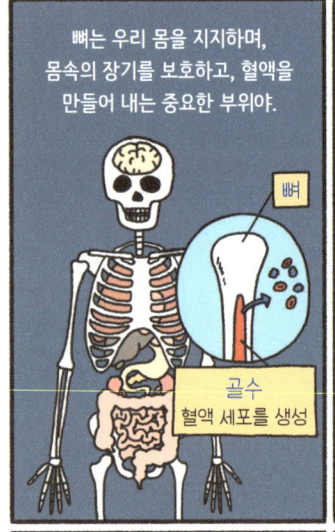

뼈는 우리 몸을 지지하며, 몸속의 장기를 보호하고, 혈액을 만들어 내는 중요한 부위야.

뼈

골수
혈액 세포를 생성

뼈는 단단하지만, 외부에서 강한 힘이 가해지면 부러질 수 있는데, 뼈가 부러지는 것을 '골절'이라고 해.

뼈가 부러지면 뼈 주위의 근육, 인대, 피부 등 연부 조직까지 손상될 수 있어.

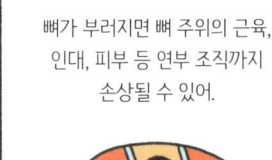

연부 조직 힘줄, 혈관 따위와 같이 신체에서 단단한 정도가 낮은 특성을 지닌 조직

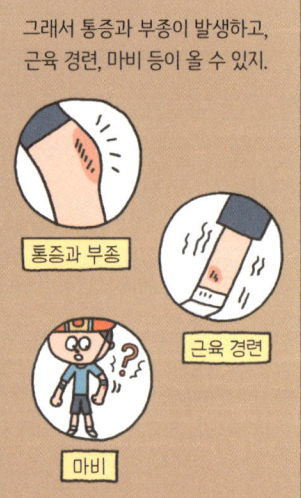

그래서 통증과 부종이 발생하고, 근육 경련, 마비 등이 올 수 있지.

통증과 부종

근육 경련

마비

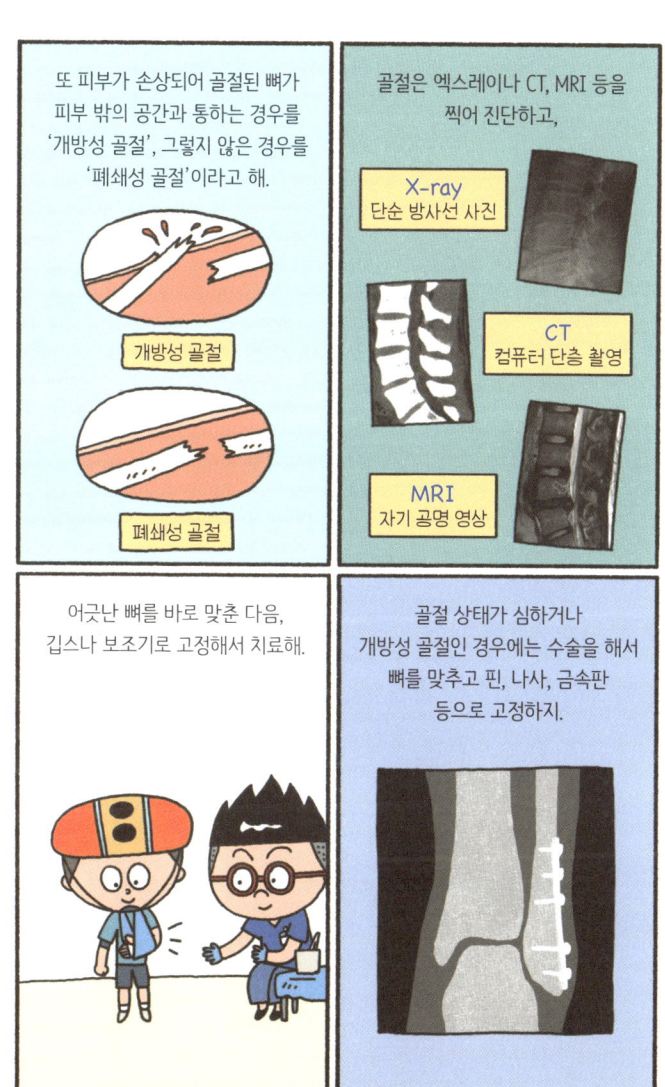

뼈가 부러지는 것

얼마나 아팠는지, 성훈이가 큰 소리로 엉엉 울었다. 우기남이 두 손을 번쩍 들며 말했다.

"됐어요, 끝!"

그 말에 성훈이는 훌쩍이며 눈물을 닦았다. 우기남이 할머니에게 말했다.

"이제 엑스레이를 찍고 오시면 됩니다."

그러자 미리 와서 기다리고 있던 간호조무사가 성훈이의 침대를 끌며 말했다.

"가실게요."

성훈이는 영상 의학과로 가서 엑스레이를 찍었다. 그리고 잠시 후, 우기남은 영상 의학과에서 전송한 성훈이의 엑스레이 결과를 확인했다. 그런데 오른쪽 종아리의 뼈가 반으로 완전히 부러져 있었다.

우기남이 안타까운 표정으로 혼잣말을 했다.

"아유, 많이 부러졌네."

또 팔의 상완골(위팔뼈)도 부러져 있었다. 뼈가 피부 밖으로 튀어나오지 않은 폐쇄성 골절로, 다행히 부러진 뼈가 많이 어긋나 있지는 않았다.

우기남이 할머니에게 가서 검사 결과를 전했다.

"팔뼈랑 다리뼈, 둘 다 부러졌네요."

할머니가 속상한 표정으로 물었다.

"팔도 부러졌어요?"

겉으로 보기에는 붓기만 하고 피가 나지 않았기 때문에 부러졌다고 생각하지 못했던 것이다.

"네, 그런데 팔은 골절된 뼈가 심하게 벌어지지 않은 상태라, 뼈를 잡아당겨 모양을 맞춘 다음 깁스를 하면 저절로 붙을 텐데요. 다리는 뼈가 심하게 부러져 피부 밖으로 튀어나온 상태라서 수술을 해야 합니다."

우기남의 설명에 할머니는 어쩔 수 없다는 듯 말했다.

"수술해야 하면 해야죠."

"알겠습니다. 그럼 준비하겠습니다."

우기남은 말하고 데스크로 가서 정형외과에 전화했다. 정형외과 레지던트는 성훈이의 차트를 살펴보더니 말했다.

"지금 박교정 교수님이 수술 중이시거든. 30분 정도 더 걸릴 것 같은데……. 일단 1시간 후로 수술방 잡아 줘."

"네, 알겠습니다."

우기남은 대답하고 전화를 끊은 다음, 1시간 후로 수술방을 잡았다. 그리고 새로 들어온 환자를 보러 갔다.

그런데 20분쯤 지난 후였다. 응급실 문이 열리더니, 천재수가 의기양양한 표정으로 들어왔다. 그러고는 데스크로 성큼성큼 걸어오는 것이 아닌가. 데스크에 있던 간호사들이 의아한 표정으로 쳐다봤다. 처음 보는 의사였기 때문이다.

"누구……?"

간호사 중 한 명이 누구냐고 물으려고 하는데, 다행히 최 간호사가 알아봤다.

"천재수 선생님이시군요!"

권역 외상 센터 개원식에서 본 기억이 난 것이다.

"네, 권역 외상 센터 팀장으로 온 천새수입니다."

천재수가 자신을 소개하자, 간호사들이 아는 척을 했다.

"아, 미국에서 오셨다는 천재 외상 외과 선생님이시구나!"

"안녕하세요?"

"처음 뵙겠습니다."

간호사들이 인사하자, 천재수도 고개 숙여 인사했다.

"네, 잘 부탁드립니다."

그러자 최 간호사가 의아한 표정으로 물었다.

"그런데 응급실에는 무슨 일로……?"

"병원 구조를 알아야 할 것 같아서요. 잠깐만 보겠습니다."

다사랑 어린이 종합 병원에 처음 왔으니, 병원의 응급실, 수술실, 외래 진찰실 등 병원 곳곳을 둘러보고 있는 것이다.

그런데 그때, 우기남이 천재수를 발견하고 반겼다.

"선배!"

천재수도 우기남을 반겼다.

"오, 기남이! 아니, 우기남 선생, 오랜만이네요."

천재수는 어린이 의사 양성 프로젝트 3기, 우기남은 6기다. 그래서 편히 말하려다가 간호사들 앞이니 존대를 했다.

우기남이 놀랍다는 표정을 지으며 말했다.

"권역 외상 센터 팀장으로 오셨다면서요. 역시 천재는 다르시네요."

그러더니 간호사들에게 과장된 제스처로 천재수를 소개했다.

"이분이 누구시냐면요. 어렸을 때부터 천재로 유명하셨고요. 의과 대학을 조기 졸업하고, 미국 최고의 외상 전문 병원에서 천재 외과 의사로 이름을 날리신 분입니다. 하하."

그러자 최 간호사가 기억하고 말했다.

"저도 TV에서 봤어요. '최고의 천재' 프로그램에 나오셨던 분 맞죠?"

"네, 맞습니다."

천재수가 우쭐한 표정으로 대답하자, 간호사들이 신기한 듯

한마디씩 했다.

"어머나, 천재는 처음 봐요."

"진짜 천재같이 생기셨어요. 하하."

"감사합니다."

천재수가 활짝 웃으며 인사했다. 천재수는 자신이 천재라는 사실을 아주 잘 알고 있고, 숨기지도 않는다. 또 어렸을 때부터 사람들에게 큰 관심을 받아 왔기 때문에 지금도 사람들이 자신을 알아봐 주고 놀라워하는 모습을 즐긴다고나 할까.

그런데 바로 그때였다. 성훈 할머니가 데스크로 오며 다급하게 소리쳤다.

"선생님, 성훈이가 이상해요."

최 간호사가 놀라 물었다.

"왜요? 많이 아프대요?"

진통제의 약효가 떨어져 다시 아픈가 해서 물은 것이다. 할머니가 대답했다.

"아니, 자꾸 배가 아프다고 하더니, 토하고 난리 났어요."

복통과 구토 증상이 있다는 말이다. 복통은 부분, 즉 복부에 일어나는 통증이다. 복통은 체하거나 식중독에 걸렸을 때, 장에 염증이나 결석이 생겼을 때 등 다양한 원인에 의해 발생한다. 그래서 이 발생했을 때는 통증 부위와 통증

 배 /

의 강도나 횟수, 또 연관 질환 등을 잘 살펴보고 그 원인을 찾아야 한다. 그런데 성훈이는 팔다리가 골절됐는데, 갑자기 왜 배가 아픈 것일까?

우기남이 황급히 성훈이에게 가며 물었다.

"언제부터 그랬어요?"

할머니가 대답했다.

"배가 아프다고 한 건 엑스레이를 찍고 온 다음부터고요. 토한 건 방금 전이요."

최 간호사도 얼른 따라나섰다. 가 보니, 정말 성훈이가 구토를 하고 있는 것이었다.

"우웩! 우웩!"

최 간호사가 재빨리 성훈이의 턱에 휴지 뭉치를 대어 주고, 옷에 묻은 토사물을 닦았다. 우기남이 성훈이에게 물었다.

"성훈아, 배 어디가 아파?"

그런데 성훈이가 숨을 헐떡이며 말을 잘 못하는 것이었다.

"헉헉. 배…… 아파요…….."

그때였다.

"골절 환자야?"

천재수였다. 팔다리에 붕대를 감고 있는 것을 보고 물은 것이다. 우기남이 당황한 표정으로 대답했다.

(복부)

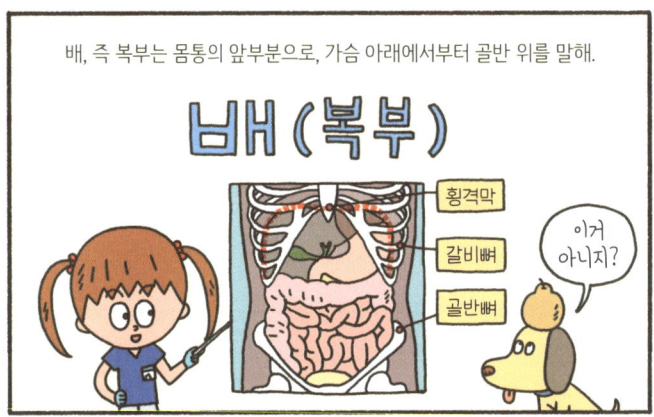

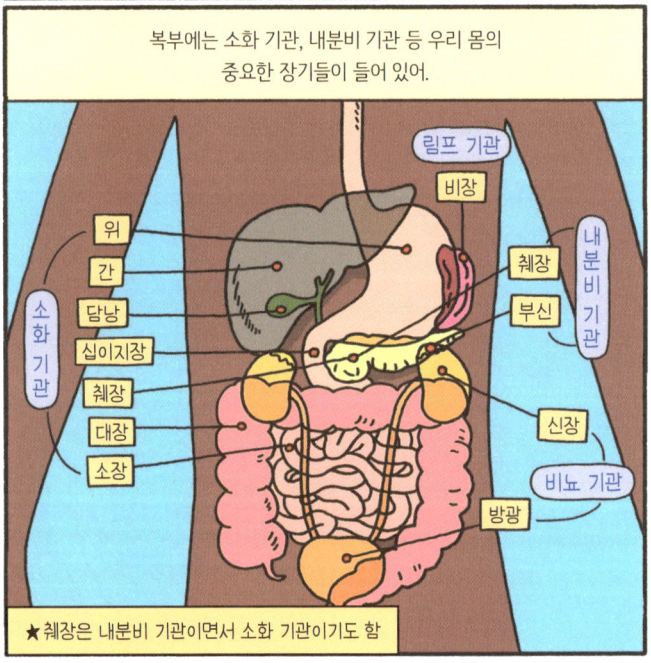

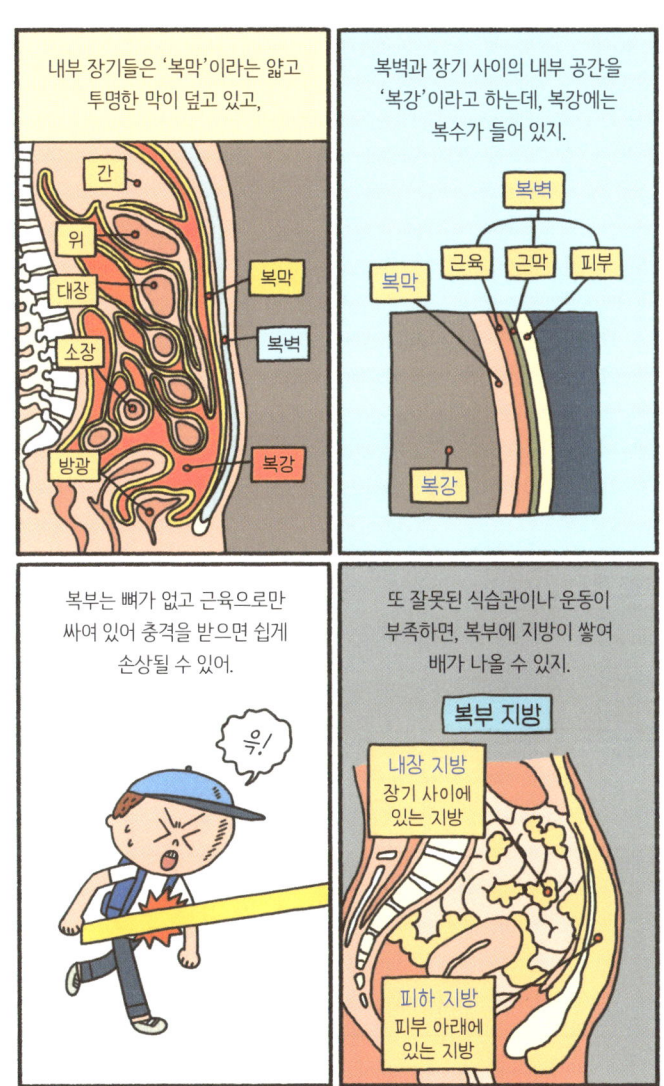

가슴 아래에서부터 골반 위의 부분

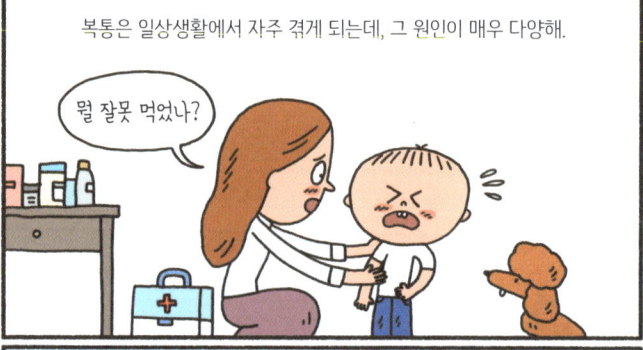

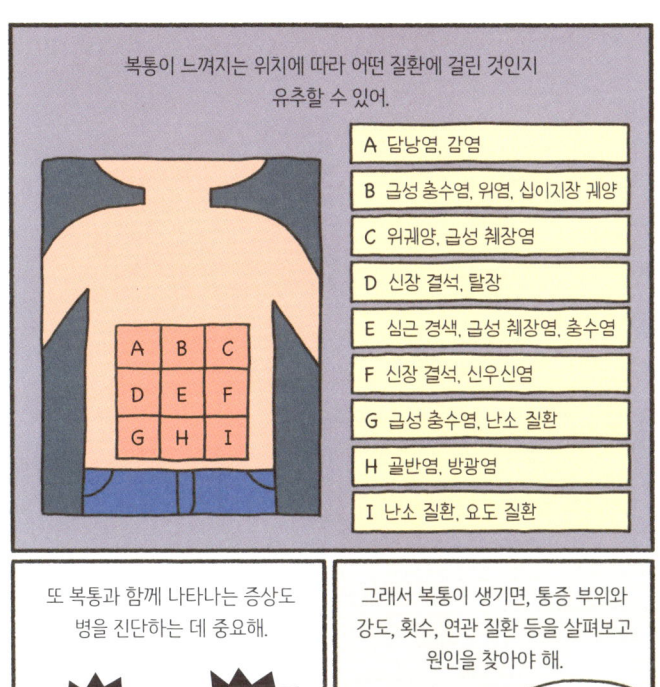

복부의 통증으로, 다양한 질환에 의해 증상이 나타난다.

"네, 자전거를 타다 전봇대에 부딪쳐서 팔에 폐쇄성 골절, 다리에 개방성 골절을 입은 환자예요. 다리 수술을 하려고 기다리고 있는 중이었는데…….”

그러자 천재수가 갑자기 우기남을 잡아당기며 말했다.

"비켜 봐. 내가 볼게.”

"네? 아, 네.”

우기남이 엉겁결에 뒤로 물러서자, 천재수는 재빨리 성훈이의 윗옷을 벗기며 말했다.

"빨리 바이털 체크해.”

"네!”

우기남이 황급히 체온계와 혈압계를 가지러 갔다. 천재수가 성훈이의 배 상태를 확인하니, 예상대로 복부 팽만, 즉 배가 빵빵하게 부어 있었다. 천재수가 성훈이의 배를 살짝 건드리자, 성훈이는 의식이 떨어지는 와중에도 고통스러워했다.

"아, 아……파…….”

게다가 배가 딱딱해지는 복부 경직 증상까지 있는 것이 아닌가. 천재수는 주위를 둘러보더니, 침대 옆 선반에 놓인 빈 우유 팩을 발견하고 물었다.

"할머니, 이거 먹이셨어요?”

할머니가 어리둥절한 표정으로 대답했다.

"네, 성훈이가 자꾸 목마르다고 해서……."

그때, 우기남이 체온계와 혈압계를 가지고 오자, 천재수가 버럭 소리쳤다.

"수술하려면 금식해야 하는데, 말씀을 안 드렸어?"

"말씀드렸는데요."

우기남이 울상이 되어 할머니를 쳐다보자, 할머니가 당황해 얼굴이 붉어지며 말했다.

"우유는 괜찮을 줄 알고……."

그러자 천재수가 우기남에게 명령했다.

"초음파 가져와."

우기남은 다시 초음파 검사 기기를 가지러 뛰어갔다. 그 사이에 최 간호사는 성훈이의 체온과 혈압, 맥박 수를 재고 말했다.

"체온은 37.8도, 혈압 91에 54, 맥박 수 152입니다."

체온은 높고, 혈압은 낮고, 맥박은 빨랐다. 천재수가 성훈이의 이름을 불렀다.

"성훈아, 성훈아!"

"으……."

하지만 성훈이는 의식이 점점 흐려져 대답을 하지 못했다.

"왜 그런 거예요? 우유를 먹여서 그런 거예요?"

할머니가 겁먹은 표정으로 묻자, 천재수가 설명했다.

"장 파열입니다. 그런데 우유를 먹였으니 출혈성 쇼크가 온 겁니다."

장 파열은 외상이나 내상 등의 원인에 의해 한 군데 혹은 여러 군데의 장이 터진 것을 말한다. 장이 파열되면, 장에서 나오는 소화액이나 독소를 가지고 있는 덜 소화된 음식물, 장내 세균들이 배의 피부 안쪽으로 흘러나와서 복막염을 일으킬 수 있다. 또 혈관도 같이 터지면서 출혈이 생기기 때문에 출혈성 쇼크가 올 수 있다.

장 파열은 처음에는 증상이 뚜렷하지 않을 수 있다. 그러나 시간이 지나 염증 반응이 생기면서 점점 파열 부위가 커지게 된다. 그 상황에서 음식물이 들어오면, 장액이 많이 나오면서 그쪽에 있던 음식물 등이 파열된 쪽으로 더 많이 누출되어 복막염이 심해질 수 있다. 그런데 그걸 모르고 우유를 먹였으니, 상태가 급격하게 나빠진 것이다.

"아이고, 그것도 모르고…… 어떡해요, 선생님?"

할머니가 사색이 되어 묻자, 천재수가 대답했다.

"파열된 부위를 찾아서 빨리 수술해야 합니다."

그때, 우기남이 이동식 초음파 검사 기기를 끌고 왔다.

"초음파 검사 기기 가져왔어요."

초음파 검사는 인체에 해롭지 않은 초음파를 이용해 몸 안의 질환을 진단하는 검사다. 초음파를 인체에 투과시킨 후 반사되는 음파를 영상화하여 몸속의 병변을 찾아낸다.

천재수가 초음파 기기의 프로브(탐촉자)를 들자, 최 간호사가 프로브와 성훈이의 배에 젤을 발랐다. 젤은 초음파를 전달하는 프로브와 피부 사이의 공기를 제거해 프로브와 피부가 밀착되게 하고, 잘 미끄러지게 하는 역할을 한다. 천재수는 성훈이의 배에 프로브를 대고 문지르며 파열된 부위를 찾았다.

'장 파열이네! 어떡하지?'

우기남은 겁먹은 표정으로 초음파 영상을 확인했다. 성훈이가 자전거를 타고 전봇대에 부딪쳤다고 해서 뇌 손상만 걱정했지, 장이 파열됐을 거라고는 생각하지 못했다. 그런데 초음파를 가져오라는 천재수에 말에 우기남은 천재수가 장 파열을 의심한다는 것을 알아챘다.

그때, 천재수가 파열된 부위를 발견하고 말했다.

"췌장 파열이야!"

췌장은 위의 뒤쪽에 있는 소화 기관으로, 소화액을 분비하고 인슐린을 조절하는 기능을 한다.

"자전거를 타다 전봇대에 부딪치면 핸들에 복부를 부딪쳐 장 파열이 발생할 가능성이 크다는 것 몰라?"

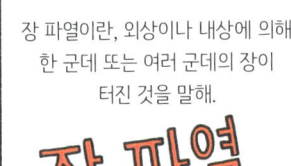

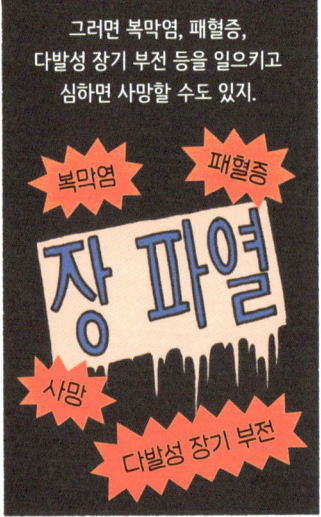

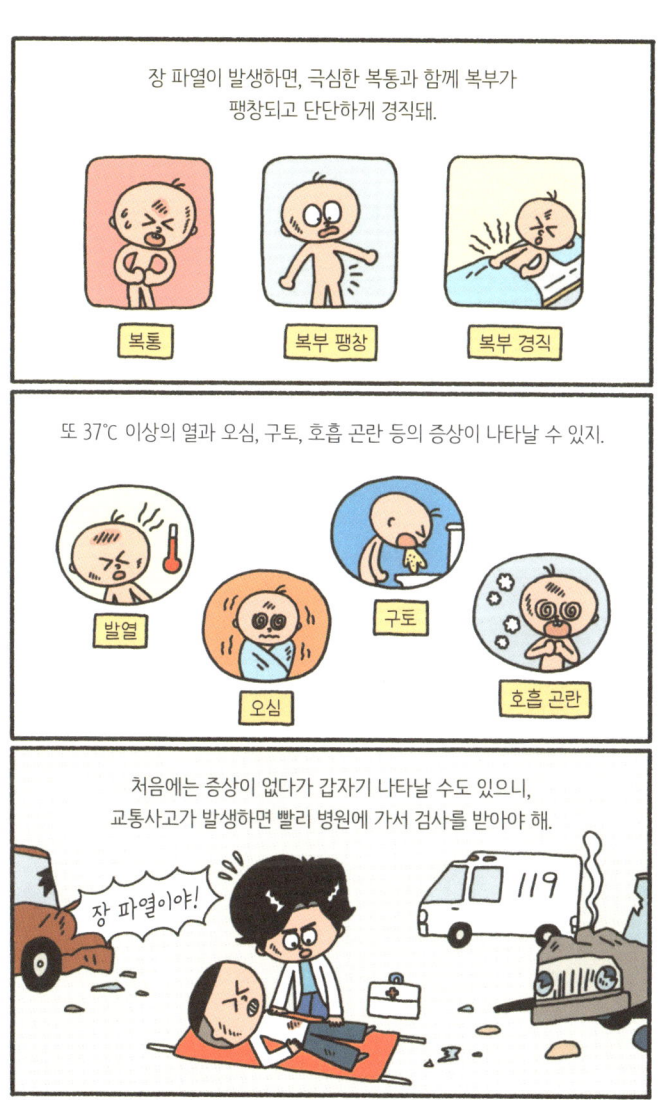

외상이나 내상에 의해 장이 터진 것

천재수가 우기남을 째려보며 물었다. 자전거나 자동차의 핸들은 둥그렇게 삐져 나와 있어서 사고가 발생하면 복부를 찌를 확률이 높다. 그러면 복부에 심한 충격이 가해져 장이 파열될 수 있기 때문에 자전거나 자동차 사고가 난 환자는 핸들에 의한 장 파열을 의심해 봐야 한다.

"죄송합니다. 배가 아프다는 말을 안 해서……."

우기남이 실수를 인정하고 잘못을 빌었지만, 천재수는 고개를 돌리며 날카로운 목소리로 말했다.

"기관 내 삽관 먼저 하고, 진통제, 해열제, 항구토제, 위장약, 항생제 투여하겠습니다."

기관 내 삽관은 기관 안으로 튜브를 넣어 기도를 확보하는 것으로, 산소 호흡기나 인공호흡기를 연결하여 호흡을 도와주기 위한 시술이다.

"네!"

최 간호사와 우기남이 동시에 대답했다.

잠시 후, 우기남이 기관 내 삽관을 할 도구를 가져오자, 천재수는 성훈이를 똑바로 눕히고 후두경으로 기도의 상태를 관찰했다. 그리고 기관 안으로 튜브를 집어넣자, 우기남이 튜브를 산소 호흡기에 연결했다.

최 간호사는 천재수가 처방한 약들을 가져와 정맥에 연결

해 놓은 도관으로 투여했다. 응급 처치가 끝나자, 천재수가 이해할 수 없다는 표정으로 물었다.

"그런데 이 환자는 왜 응급실로 온 거죠? 다발성 골절에 장 파열까지 왔는데, 권역 외상 센터로 보내야 하는 거 아니에요?"

우기남이 어리둥절한 표정으로 대답했다.

"그, 그건…… 구급대원이 응급실로 데리고 와서……."

천재수는 우기남의 대답은 듣지도 않고 이어 물었다.

"그리고 개방성 골절 환자면, 바로 응급 수술에 들어가야 하는 거 아닙니까? 왜 이렇게 환자를 방치하고 있는 거죠?"

최 간호사가 난처한 표정으로 대답했다.

"정형외과 박교정 교수님께서 수술하시기로 했는데, 아직 다른 환자 수술 중이셔서요."

천재수가 기막힌 표정을 짓더니, 단호한 표정으로 말했다.

"지금부터 이 환자는 권역 외상 센터에서 치료하겠습니다."

응급실에 들어온 환자를 갑자기 외상 센터로 데려가겠다니, 이게 무슨 황당한 소리인가.

갑자기 배가 아플 때는

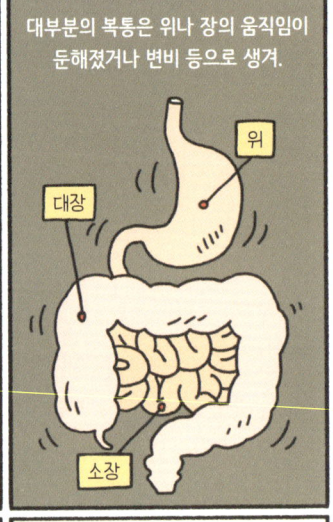

배를 따뜻하게 하고 문질러 준다.

실수가 불러온 소란

실수가 불러온 소란

"아니, 그건……."

갑작스러운 천재수의 말에 우기남과 최 간호사는 크게 당황했다. 응급실에서 받은 환자이고, 이미 박 교수가 수술하기로 되어 있는데, 환자를 권역 외상 센터로 옮기겠다니. 박 교수가 이 사실을 알게 되면, 가만히 있지 않을 것이 분명하기 때문이다.

우기남이 어쩔 줄 몰라 하는데, 천재수가 당연하다는 투로 말했다.

"바로 환자 이송 준비해 주세요."

최 간호사가 난처한 표정으로 우기남을 쳐다봤다. 하지만 우기남도 천재수를 막을 뾰족한 수가 떠오르지 않았다. 그런데 천재수가 휴대 전화를 꺼내더니 권역 외상 센터의 수간호사인 소중애 간호사에게 전화를 거는 것이다.

"수간호사님, 천재수인데요. 지금 응급실에서 환자 한 명 데려갈 거예요. 개방성 골절이랑 장 파열이 있어서 바로 수술 들어갈 거니까, 수술실을 준비해 주시고, 이로운 선생도 대기시켜 주세요."

천재수는 일사천리로 일을 진행시켰다. 우기남은 안 되겠다 싶어 재빨리 데스크로 가서 치프 레지던트인 구해조에게 전화해 상황을 알렸다.

"뭐? 환자를 외상 센터로 데려간다고?"

구해조가 화들짝 놀라며 되물었다.

"네, 어떡해요. 지금 당장 이송하라고 하는데."

우기남의 대답에 구해조가 말했다.

"알았어. 내려갈게."

우기남이 전화를 끊자, 최 간호사가 물었다.

"정형외과에도 알려야 하지 않을까요?"

"아, 네. 전화할게요."

시간을 보니, 박 교수가 수술을 마치고 나올 시간이었다. 우기남은 일단 정형외과 레지던트에게 전화해 사실을 알렸다. 레지던트가 버럭 화를 냈다.

"누구 맘대로 환자를 데려가!"

"그, 그게…… 제가 실수를 해서…… 장 파열이 있는 줄 몰라 가지고…….”

우기남은 진짜 울고 싶은 심정이었다. 자신이 실수를 하는 바람에 이런 일이 벌어졌으니 말이다. 레지던트가 괴로운 목소리로 말했다.

"박 교수님, 난리 나실 텐데……. 아, 몰라. 일단 끊어."

레지던트가 전화를 끊자, 우기남은 한숨이 절로 나왔다. 장파열을 생각하지 못한 자신이 원망스러웠다.

'으, 멍청이!'

우기남이 머리를 쥐어뜯으며 괴로워하고 있는데, 구해조가 헐레벌떡 뛰어 들어왔다.

"천재수, 아니, 천 선생님은 어디……?"

그 순간, 천재수가 나타나 물었다.

"나 찾습니까?"

구해조가 가쁜 숨을 몰아쉬며 말했다.

"헉헉. 응급실 환자를 데려간다고 하셔서…….”

"네, 그런데 왜요?"

천재수가 되묻자, 구해조가 단호하게 잘라 말했다.

"박 교수님이 수술하시기로 했는데, 협의하지 않고 환자를 데려가시면 문제가 될 수 있습니다."

박 교수는 이번 일을 그냥 넘어가지 않을 게 뻔하고, 그럼 천재수뿐 아니라, 환자를 처음 진료한 우기남도 징계를 받을 수 있다.

구해조의 말에 천재수가 답답한 표정으로 말했다.

"처음부터 에서 받으면 안 되는 환자였다고요. 그래서 이제라도 데려가겠다는데, 그게 왜 문제입니까. 그리고 환자 생명이 위급한데, 지금 내 환자, 네 환자 따지게 생겼습니까!"

맞는 소리다. 환자의 생명보다 중요한 건 없으니까 말이다.

'어떡하지?'

구해조는 갈등했다. 앞으로 병원에서 어떤 소란이 일어날지 뻔히 예상이 됐기 때문이다. 하지만 천재수의 말대로 지금 환자를 구할 가장 빠른 방법은 외상 센터로 데려가 수술하는 것이다.

왜냐하면 권역 외상 센터는 365일, 24시간, 중증 외상 환자에 대해 병원 도착 즉시 응급 수술이 가능하고, 최적의 치료를 제공할 수 있는 시설, 장비, 인력을 갖추고 있는 외상 전용 치료 센터이기 때문이다. 그러니 환자를 외상 센터로 옮기면, 개방성 골절은 이로운이, 장 파열은 천재수가 동시에 수술할 수 있다. 환자를 살릴 확률이 훨씬 높아지는 것이다.

잠시 고민하던 구해조는 마침내 결단을 내렸다.

갑자기 몸이 아프거나 다쳤을 때 응급실에 가 본 적 있니?

응급실은 병원에서 응급 환자를 진료하고 치료할 수 있는 시설을 갖춘 곳이야.

정확한 명칭은 응급 의료 기관인데, 여러 종류가 있어.

	권역 외상 센터	권역 응급 의료 센터	지역 응급 의료 센터	지역 응급 의료 기관	응급실
대상	전국 17개의 상급 종합 병원	상급 종합 병원 300병상 초과 종합 병원	종합 병원	종합 병원 (시군은 병원도 가능)	병원
환자 구분	중증 외상 환자	중증 응급 환자	응급 환자	응급 환자	경증 환자

또 응급 환자는 환자의 증상과 질환에 따라 5단계로 분류하고,

최우선 순위 매우 중증	2순위 중증	3순위 중증 의심	4순위 경증	5순위 비응급
즉각 처치 필요	빠른 치료 필요	치료가 필요한 상태	1~2시간 내 처치 등 요구 상태	급하지만 응급은 아닌 상태
심장 마비, 무호흡 등	심근 경색, 뇌출혈 등	호흡 곤란, 출혈 동반 설사 등	38℃ 이상 발열 동반 장염, 복통 등	감기, 장염, 열상(상처) 등

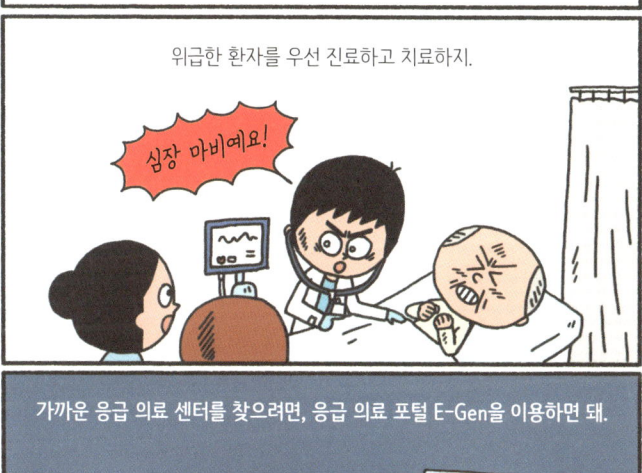

위급한 환자를 우선 진료하고 치료하지.

심장 마비예요!

가까운 응급 의료 센터를 찾으려면, 응급 의료 포털 E-Gen을 이용하면 돼.

급하면, 129나 119로 연락해.

응급 의료 포털
E-Gen

응급 환자를 진료하고 치료할 수 있는 시설을 갖춘 곳

"알겠습니다. 그렇게 하시죠."

예상치 못한 결론에 우기남과 최 간호사가 동시에 구해조를 보며 말했다.

"선생님!"

"제가 책임질게요."

구해조가 담담한 표정으로 말했다. 이번 일로 자신이 책임을 져야 하는 일이 생길지라도 환자부터 살려야 한다고 생각한 것이다.

한편 그 시각, 권역 외상 센터에서도 난리가 났다. 천재수가 소 간호사에게 전화했을 때, 강훈과 나선우도 데스크에서 그 내용을 들었기 때문이다.

"응급실 환자를 데리고 온다고요?"

나선우가 의아한 표정으로 묻자, 소 간호사가 곤란해하며 말했다.

"네, 어떡해요."

강훈이 잠시 생각하더니 대답했다.

"일단 수술 준비를 해 주세요."

어떤 이유로 응급실 환자를 외상 센터로 데려오게 됐는지 알 수 없지만, 수술이 급한 중증 환자임은 분명하기 때문이다.

"네, 알겠습니다."

소 간호사가 대답하고 수술 준비를 하러 갔다. 강훈이 나선우에게 말했다.

"로운이한테도 수술 준비를 하라고 하고, 우리도 준비하자."

응급 환자이니, 환자가 도착하면 응급 의학 전문의인 강훈이 응급 처치를 해야 한다. 또 개방성 골절과 장 파열 환자라고 했지만, 흉부외과 전문의인 나선우도 수술에 들어가야 할 수도 있으니 준비하고 기다려야 하는 것이다.

"네!"

나선우가 대답하고, 이로운에게 전화해 알렸다. 이로운이 대답했다.

"알겠어. 내려갈게."

그리고 10분쯤 지났을까. 천재수가 외상 센터로 돌아왔다. 그리고 수술복을 갈아입고 있는데, 강훈과 나선우가 들어왔다. 강훈이 물었다.

"환자 상태는 어때?"

환자 상태를 알아야 어떤 응급 처치를 할지 결정할 수 있기 때문이다. 그런데 천재수가 명령하는 말투로 대답했다.

"아, 제가 응급 처치는 다 했으니까, 선배는 안 들어오셔도 돼요."

손상 부위를 고정시키고 냉찜질을 하며 병원에 간다.

"응급 처치를 다 했다고?"

강훈이 어리둥절한 표정으로 묻자, 천재수가 대답했다.

"네, 기관 내 삽관을 하고, 초음파로 파열 부위도 확인했어요. 그러니까 바로 수술 들어가면 돼요."

그러자 옆에 있던 나선우가 어이없는 표정으로 말했다.

"응급 처치를 왜 네가 해? 선배가 있는데."

강훈이 응급 의학과 전문의이니, 응급 처치는 당연히 강훈이 해야 한다는 말이다.

그러자 천재수가 황당한 듯 말했다.

"그럼 환자가 호흡 곤란에 의식을 잃고 있는데, 응급 의학과 전문의가 올 때까지 기다려야 해요?"

그러고는 로커 문을 쾅 닫으며 말했다.

"전 수술 들어가야 해서 이만……."

그러더니 휙 나가 버리는 것이 아닌가. 강훈과 나선우는 기가 막혀서 할 말을 잃었다. 환자가 위급하면 응급 처치를 하는 것은 당연한 일이다. 하지만 앞뒤 상황을 모르니, 강훈은 자신이 응급 처치를 해야 한다고 생각했고, 그래서 환자 상태를 물은 것인데, 대뜸 '응급 처치는 다 했으니까, 선배는 안 들어오셔도 된다.'니. 말을 꼭 그렇게 해야 하냔 말이다.

"아, 진짜 왕재수!"

나선우가 짜증 나는 표정으로 말했다. '왕재수'는 천재수의 별명이다. 타고난 천재인 데다 자신이 천재인 것을 너무 잘 알아 하는 말과 행동이 거만하기 이를 데 없기 때문이다.

하지만 강훈은 어두운 표정으로 아무 말도 하지 않았다. 강훈도 천재수의 말과 행동에 기분이 크게 상한 것이다. 그러자 나선우가 다시 말했다.

"지난번에 그냥 넘어가니까 또 이러잖아요."

이틀 전, 소라도에서 온 중증 외상 환자를 수술하려고 할 때도 천재수는 갑자기 나타나 '선배는 응급 의학과 전문의이니, 이제부터는 제가 알아서 하겠습니다.'라며 강훈을 은근히 무시하는 투로 말했던 것이다.

그때 나선우는 천재수의 버르장머리 없는 태도에 기분 나빠하며, 강훈이 선배니까 강훈이 외상팀 팀장을 해야 한다고 주장했다. 천재수가 지금은 강훈과 같은 펠로 2년 차라고 해도, 엄연히 어린이 의사 양성 프로젝트 후배이고, 나이도 강훈보다 어리기 때문이다. 하지만 강훈은 문제를 크게 만들고 싶지 않다며 그냥 덮자고 했었다.

나선우가 주먹을 불끈 쥐며 말했다.

"재수 녀석, 이번에는 가만두지 않을 거예요."

"휴!"

강훈이 답답한 표정으로 한숨을 내쉬었다. 강훈도 이번 일은 그냥 넘어갈 수 없다는 생각이 들었으나, 어떻게 말을 해야 할지 판단이 안 서기 때문이었다.

　잠시 후, 성훈이가 권역 외상 센터 수술실로 옮겨지고, 천재수와 이로운이 수술실에 들어갔다. 수술실에는 레지던트 1년차 안젤라와 이미소 간호사 그리고 마취과 안정한 교수가 수술 준비를 마치고 기다리고 있었다.

　천재수가 말했다.

　"CT 먼저 찍겠습니다. 조영제 투여해 주세요."

　그러자 안젤라가 성훈이의 팔 정맥에 연결된 도관에 조영제를 투여했다. 잠시 후, 천재수는 복부 CT를 찍었다. 그리고 CT 영상을 통해 파열된 췌장 부위를 정확하게 확인하더니, 안 교수에게 물었다.

　"바이털은 어떻습니까?"

　안 교수가 대답했다.

　"괜찮습니다"

　"그럼 수술을 시작하겠습니다."

천재수의 말에 안 교수는 산소마스크를 통해 성훈이에게 마취제를 투여했다. 천재수가 안젤라에게 손을 내밀며 말했다.

"메스!"

안젤라가 천재수의 손에 칼을 건네자, 천재수는 파열된 췌장을 봉합하기 위한 개복술을 시작했다. 개복은 말 그대로 '배를 가른다'는 뜻이다. 내부 장기는 얇고 투명한 복막으로 덮여 있고, 피부, 근육 등으로 이루어진 복벽에 의해 보호되고 있다. 또 복벽과 장기 사이의 내부 공간을 '복강'이라고 한다. 개복술은 복강 내의 진단과 치료를 목적으로 복벽을 절개하는 수술법이다.

천재수는 개복술로, 췌장 파열로 인해 배의 피부 안쪽으로 흘러나온 장내 물질들을 깨끗하게 세척했다. 그리고 파열된 췌장을 능숙한 솜씨로 봉합한 후, 절개한 배 부위도 봉합했다.

그사이, 이로운은 성훈이의 골절된 다리를 수술했다. 먼저 다리의 상처 부위를 칼로 조금 더 절개한 후, 부러진 뼈를 잘 맞춰서 붙였다. 그리고 뼈가 흔들려 다시 부러지지 않도록 핀을 박아서 고정시켰다.

"봉합하겠습니다."

이로운이 말하더니, 찢어진 피부를 꼼꼼하게 꿰맸다.

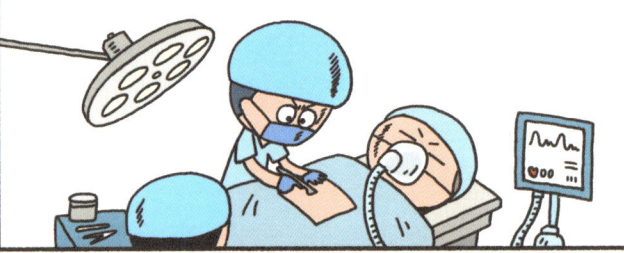

배를 칼로 절개하여 열어서 하는 수술

췌장

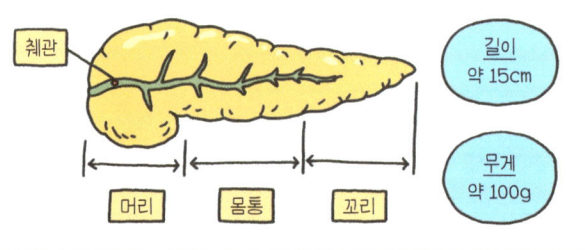

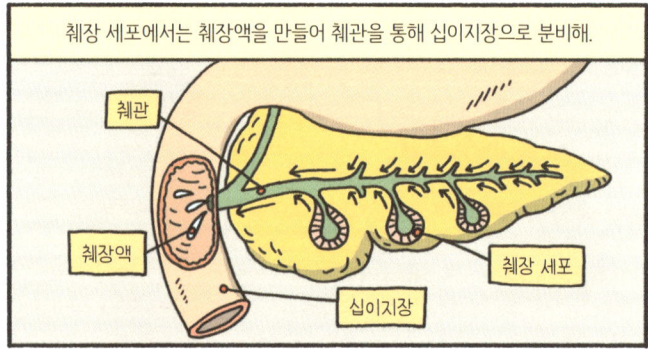

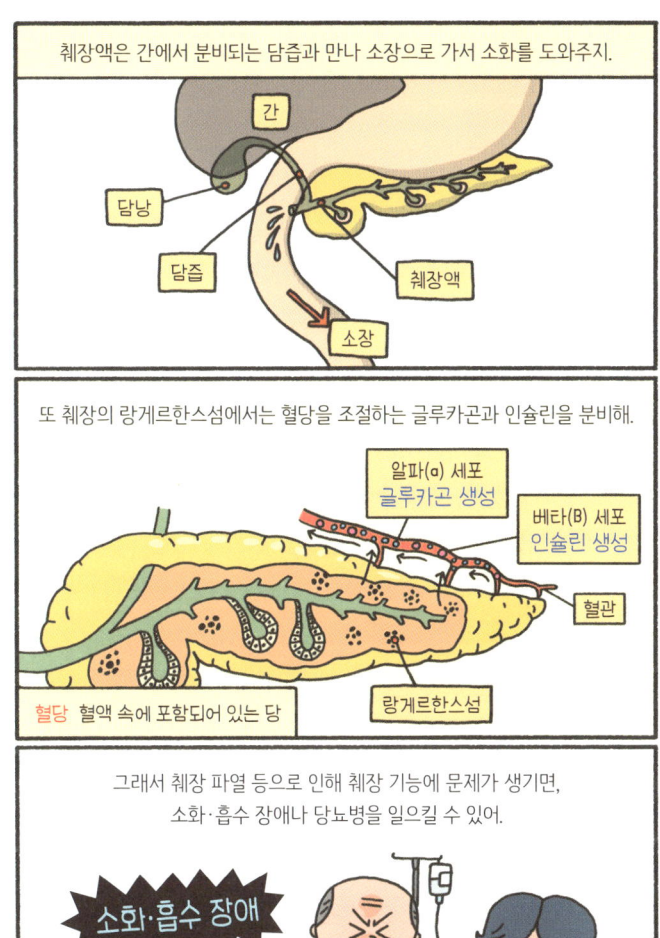

위의 뒤쪽에 위치한 소화 기관

"됐어요. 깁스하면 되겠네요."

이로운은 이 간호사와 함께 수술 부위가 흔들리지 않도록 깁스를 하고 보호대로 고정시켰다. 이렇게 다리를 움직이지 않게 해야 뼈가 삐뚤어지지 않고 잘 붙을 수 있다. 또 폐쇄성 골절을 입은 위팔뼈도 골절된 부위를 잘 맞추고 깁스를 했다.

그렇게 천재수와 이로운은 성훈이의 수술을 잘 마쳤다. 이제 성훈이는 외상 집중 치료실로 옮겨져 수액, 항생제, 혈압 상승 약물을 투여하고, 수혈을 받게 될 것이다.

천재수와 이로운이 수술복을 의사 가운으로 갈아입고 나왔는데, 소 간호사가 천재수를 불렀다.

"원장님이 수술 마치면 바로 원장실로 오시랍니다."

천재수는 예상했다는 듯 대답했다.

"알겠습니다."

천재수가 원장실로 가자, 이로운이 의아한 표정으로 소 간호사에게 물었다.

"무슨 일인데요?"

이로운은 천재수가 어떤 과정을 거쳐 환자를 데려왔는지 모르고 있었다. 소 간호사가 자초지종을 말하자, 이로운은 걱정스럽게 말했다.

"병원이 들썩들썩하겠네요."

아니나 다를까, 원장실에서는 정형외과 박교정 교수와 외과 조심해 교수가 이번 일에 대해 항의를 하고 있었다. 먼저 박 교수가 목소리를 높여 말했다.

"제가 수술하기로 한 환자를 마음대로 빼 가는 게 말이 됩니까?"

외과 조심해 교수도 주장했다.

"장 파열이면 저를 불렀어야죠. 제가 충분히 수술할 수 있는데, 왜 환자를 빼돌립니까."

원장이 난처한 표정으로 말했다.

"빼돌리다니요. 응급실이나 권역 외상 센터나 다 우리 다사랑 어린이 종합 병원 소속 아닙니까."

그런데 그때, 노크 소리가 들리더니, 천재수가 들어왔다.

"부르셨습니까?"

천재수가 인사하자, 박 교수와 조 교수는 날카로운 눈빛으로 천재수를 쏘아봤다. 천재수가 자리에 앉자, 원장이 말했다.

"응급실 환자를 외상 센터로 데려가 수술했다면서요."

천재수가 당당한 표정으로 대답했다.

"네, 방금 수술을 마쳤습니다."

"그런데 원래 여기 계신 박 교수님이 수술하시기로 되어 있던 환자라던데……."

원장이 박 교수의 눈치를 보며 말하는데, 천재수가 끼어들었다.

"개방성 골절 환자는 감염 위험이 높기 때문에 최대한 빨리 수술해야 합니다. 그런데 박 교수님이 다른 수술을 하시느라 환자가 30분 이상 기다리고 있었다고 들었습니다. 게다가 응급실 인턴이 장 파열 가능성을 인지하지 못하는 바람에 출혈성 쇼크가 온 상태였습니다. 당장 수술을 해야 하는 상황이었다는 말씀입니다."

"외상 센터로 환자를 데려간 시간에는 나도 이전 수술을 끝낸 상황이었어요. 바로 수술을 할 수 있었단 말입니다."

박 교수가 강하게 항의했지만, 천재수는 기죽지 않고 자신의 주장을 펼쳤다.

"사실 이번 건은 환자 이송부터 잘못된 것입니다. 다발성 골절에 장 파열을 의심할 수 있는 상황이면 중증 외상 환자인데, 그럼 당연히 권역 외상 센터로 이송됐어야 합니다. 또 만약 응급실에서 환자를 받았더라도 제대로 된 진단을 내렸으면, 중증 외상이 분명하고, 그럼 바로 외상 센터로 보냈어야 한다고 생각합니다."

그러자 조 교수가 반발했다.

"이제까지 응급실에서도 그 정도 환자는 다 응급 처치하고

수술하고 그랬습니다. 권역 외상 센터가 없었어도 말입니다."

다사랑 어린이 종합 병원에 우리나라 최초로 어린이 전용 권역 외상 센터를 건립한다는 계획이 시작될 때부터 병원 내에서는 찬성하는 여론과 반대하는 여론이 팽팽하게 맞섰다. 응급실이 있는데, 굳이 큰돈을 들여 권역 외상 센터를 설립할 이유가 없다는 주장과 어린이 전용 권역 외상 센터가 없어 어려움을 겪고 있는 환자가 많으니 설립해야 한다는 주장으로 나뉜 것이다.

그러던 중, 의사 어벤져스의 명성으로 인해 다사랑 어린이 종합 병원이 우리나라 최고의 어린이 병원으로 이름을 날리게 되었고, 그 덕에 환자 수가 급격하게 늘어났다. 그러자 응급실 대기 시간이 길어지게 되었고, 환자와 보호자들의 불만이 계속 터져 나왔다. 그래서 결국 중증 외상 환자만을 담당하는 권역 외상 센터를 만들 수 있게 된 것이었다.

원장이 조 교수의 말에 자신의 의견을 말했다.

"권역 외상 센터가 문을 열었는데, 이제 와서 그런 이야기를 하는 것이 무슨 의미가 있겠습니까."

그러자 박 교수가 단호한 목소리로 말했다.

"그럼 여기서 확실하게 정리해 주세요. 응급실과 외상 센터가 환자를 어떻게 구분해 받을지."

쇼크는 산소가 충분히 공급되지 않아 순환계가 기능 장애를 일으킨 상태를 말해.

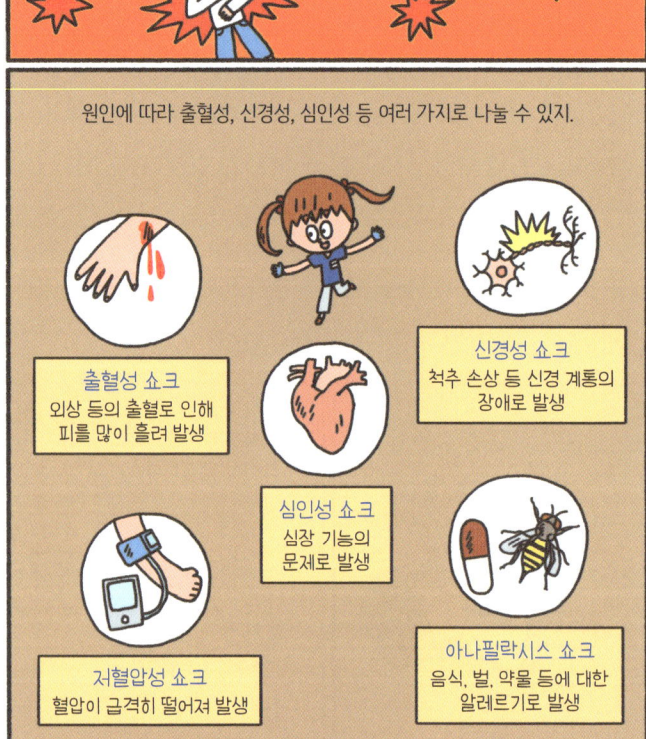

원인에 따라 출혈성, 신경성, 심인성 등 여러 가지로 나눌 수 있지.

출혈성 쇼크
외상 등의 출혈로 인해 피를 많이 흘려 발생

신경성 쇼크
척추 손상 등 신경 계통의 장애로 발생

심인성 쇼크
심장 기능의 문제로 발생

저혈압성 쇼크
혈압이 급격히 떨어져 발생

아나필락시스 쇼크
음식, 벌, 약물 등에 대한 알레르기로 발생

산소가 충분히 공급되지 않아 순환계가 기능 장애를 일으킨 상태

원장은 잠시 고심하더니 말했다.

"제가 혼자서 결정할 문제는 아닌 것 같습니다. 내일 아침 10시에 전체 의사 회의를 개최해서 결정하는 것이 어떻겠습니까?"

다사랑 어린이 종합 병원에서 전문의 이상의 의사들이 모두 모여 전체 의사 회의를 개최하고, 거기서 이 안건에 대해 논의해 결정하자는 것이다.

"그게 좋겠네요."

조 교수가 찬성하자, 박 교수도 동의했다.

"좋습니다. 그렇게 합시다."

원장이 천재수에게도 물었다.

"천 선생님은 어떻습니까?"

"저도 좋습니다."

천재수가 대답하자, 박 교수와 조 교수는 일어나 나갔다. 그러자 원장이 천재수에게 타이르듯 말했다.

"교수님들께 미리 양해를 좀 구하지 그랬어요."

그러나 천재수는 자신의 주장을 굽히지 않았다.

"미리 양해 구하고, 절차 밟고, 그러다가 환자가 더 위급해지면요? 저는 환자 살리는 게 중요하지, 그런 건 중요하지 않다고 생각합니다."

원장은 한숨을 푹 쉬며 말했다.

"휴, 알겠습니다. 이만 나가 보세요."

천재수는 벌떡 일어나 고개 숙여 인사하고 방을 나갔다. 원장은 걱정스러운 표정으로 혼잣말을 했다.

"큰일이네."

원장은 권역 외상 센터를 만들며 내로라하는 사람들로 팀을 꾸리고 싶었다. 물론 의사로서의 실력이 가장 중요하겠지만, 대외적으로도 이목이 쏠릴 만한 사람이 필요했다.

그런 인물로 천재수는 안성맞춤이었다. 어렸을 때부터 천재로 유명했고, 미국 최고의 외상 병원에서도 최고의 외상 전문의로 이름을 날리고 있었으니까.

그래서 다사랑 어린이 종합 병원에서 인턴, 레지던트, 펠로를 하며 출중한 실력과 리더십을 인정받고 있던 강훈이 아닌, 천재수에게 팀장을 맡긴 것이었다.

그런데 이렇게 자신만 옳다고 주장하고, 사람들과 잘 어우러지지 못하는 성격일 줄은 몰랐다. 원장은 천재수가 앞으로도 병원 구성원들과 자꾸 이렇게 마찰을 일으키면 어떡하나 걱정스러웠다. 그리고 팀장으로서 권역 외상 센터를 잘 이끌어 갈 수 있을지에 대한 의심이 들기 시작했다.

위기를 감지하라!

한편, 공주인은 하루 종일 외래에서 어시스트를 하느라 응급실에서 있었던 일을 모르고 있었다. 그런데 외래 진료가 끝나자마자 간호사가 소식을 전했다.

"공 선생님, 난리 났어요."

"난리요?"

공주인이 무슨 일인가 해서 되묻자, 간호사가 자세하게 상황을 설명했다. 다 듣고 난 공주인의 표정이 굳어졌다. 그리고 곧바로 우기남에게 전화했다.

"어디야?"

"의국이요."

우기남이 기죽은 목소리로 대답했다. 공주인이 싸늘하게 말했다.

"나 지금 가니까, 내 방으로 와."

그러고는 바로 의국으로 갔다. 우기남이 공주인의 방 앞에 긴장한 표정으로 서 있었다. 혼날 것이 뻔하기 때문이다.

"들어와."

공주인이 문을 열고 들어가자, 우기남이 따라 들어왔다. 우기남이 문을 닫자마자, 공주인이 버럭 소리쳤다.

"너, 정신이 있어, 없어!"

"죄송합니다."

우기남이 얼른 고개 숙여 잘못을 빌었지만, 공주인은 더 큰 소리로 다그쳤다.

"죄송하면 다야? 실수할 걸 해야지! 자전거 사고로 다친 환자면, 당연히 핸들에 의한 장 파열 가능성을 생각해야 하는 거 아냐?"

"죄송합니다."

우기남이 또다시 잘못을 빌었다. 그러나 공주인은 그동안 참고 있었던 말을 쏟아 냈다.

"인턴이 된 지 1년이 다 돼 가는데, 아직도 그런 기본적인 것도 몰라? 하기야 맨날 시답지 않은 개그나 할 생각만 하고 있으니 실력이 늘 수가 없지. 그렇지 않아도 내가 너 큰 실수 한번 할 거라고 생각했어. 이제 어떻게 할 거야? 내일 전체 의사 회의까지 열린다는데, 어떻게 할 거냐고!"

공주인이 쉬지 않고 쏘아붙이자, 우기남은 죄인처럼 아무 말도 못하고 고개만 숙이고 있었다.

"……."

공주인이 답답한 듯 말했다.

"이번 일, 네가 책임져야 할 수도 있다고. 레지던트를 못할 수도 있다는 말이야!"

그제야 우기남이 화들짝 놀라며 물었다.

"레지던트를 하지 못할 수도 있다고요? 저 이미 시험에 붙었는데요."

지난 12월에 레지던트 선발 시험이 있었고, 우기남은 합격하여 3월부터는 레지던트 1년 차로 일을 하게 되어 있기 때문이다. 공주인이 심각한 표정을 지으며 말했다.

"내일 어떤 결론이 나든, 교수님들은 누군가 이번 사태를 책임져야 한다고 주장하실 거야. 그렇다면 누가 책임져야 하겠니? 너의 실수로 시작된 일이니, 당연히 네게 책임을 묻겠지."

우기남이 어안이 벙벙해 물었다.

"그럼…… 합격이 취소될 수도 있다는 말씀이세요?"

공주인이 대답했다.

"당연하지. 그러니까 정신 좀 차리라고……."

그러더니 갑자기 를 움켜잡으며 신음했다.

"아…….."

우기남이 놀라며 물었다.

"왜요? 배 아프세요?"

"으…….."

공주인이 대답 대신 배를 더 꽉 움켜잡으며 아파했다. 우기남이 공주인의 팔을 잡아 부축하며 말했다.

"선배, 우선 좀 앉으세요."

그러나 공주인은 우기남의 손을 뿌리치며 말했다.

"됐어."

그러더니 스스로 의자에 가서 앉으며 말했다.

"내가 너 때문에 열받아서 그래."

우기남이 걱정스러운 표정으로 물었다.

"죄송해요. 그런데 진료를 받으셔야 하는 거 아니에요?"

공주인이 쏘아붙였다.

"내가 알아서 할 테니까, 넌 네 걱정이나 해."

그러더니 짜증 나는 표정으로 손짓을 하며 말했다.

"나가."

"네……. 그럼 약이라도 드세요."

우기남이 인사하고 나가자, 공주인은 소화제를 찾아 먹으며 생각했다.

많이 먹으면 정말 배가 터질까?

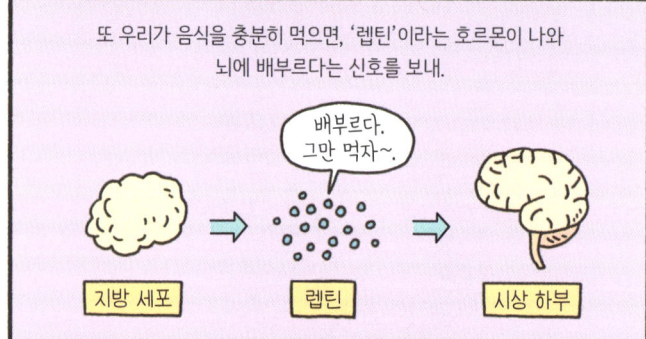

'신경을 많이 써서 그런가, 왜 자꾸 배가 아프지?'

요즘 들어 자주 배가 아프고 소화가 잘 안 되는 느낌을 받았기 때문이다.

그 시각, 병원 곳곳에서는 사람들이 삼삼오오 모여 천재수가 벌인 일에 대해 수군댔다. 응급실에 들어온 환자이고 박 교수가 수술하기로 한 환자이니 당연히 응급실 환자라고 주장하는 사람들이 많았는데, 반대로 24시간 응급 수술이 가능한 외상 센터가 있는데 꼭 그럴 필요가 있느냐며 그럴 때는 외상 센터로 보내는 게 낫다는 사람들도 많았다.

게다가 천재수의 별명이 왕재수라는 것이 알려지며 사람들의 입방아에 오르내리기 시작했다. 학교 다닐 때부터 너무 잘나 세상 무서울 것 없는 사람으로 유명했다며, 그래서 교수님이든 누구든 무서운 게 없는 거라고 뒷담화를 하는 것이다.

또 공주인의 예상대로 이번 일로 우기남이 책임을 지고 징계를 받게 될 거라는 소문도 퍼졌다. 어쩌면 구해조도 천재수를 막지 않고 보내 준 죄로 징계를 받을 수 있다는 말도 돌았다. 여하튼 천재수의 행동으로 조용했던 병원이 한순간에 시끌벅적해졌다.

상황이 긴박하게 돌아가자, 의사 어벤저스 아이들도 대책 회의를 하지 않을 수 없었다. 공주인의 요청으로 강훈과 장하

다, 나선우, 이로운, 구해조가 의국 휴게실에 모였다.

아이들이 모두 모이자, 장하다가 물었다.

"재수는 안 불러도 될까?"

천재수도 어린이 의사 양성 프로젝트 출신이니 참석해야 하지 않을까 생각한 것이다.

그러나 나선우가 딱 잘라 말했다.

"재수를 왜 불러요, 우리 팀도 아닌데. 또 이번 일을 일으킨 장본인이잖아요."

공주인이 동의했다.

"맞아요, 사실 그때 천 선배가 응급실에 없었더라면 그냥 조용히 넘어갔을 일이잖아요."

나선우가 맞장구를 쳤다.

"그래요, 기남이가 장 파열을 놓친 건 사실이지만, 그래도 환자가 배 아프다고 하면 당연히 장 파열을 생각했을 것이고, 그럼 CT 찍고 교수님들께 콜 해서 응급 수술을 했을 거예요."

그러자 강훈이 단호한 목소리로 말했다.

"이미 지난 일이니까 그건 그만 얘기하고, 기남이랑 해조 문제나 생각해 보자."

"네……."

나선우가 얼른 입을 다물자, 공주인이 물었다.

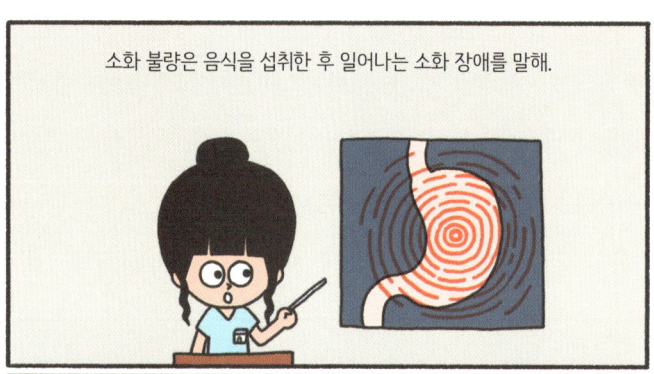

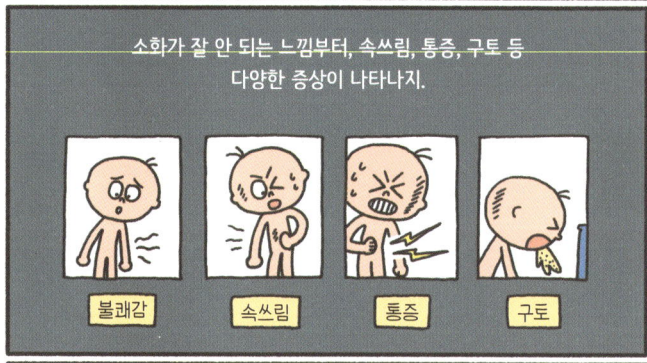

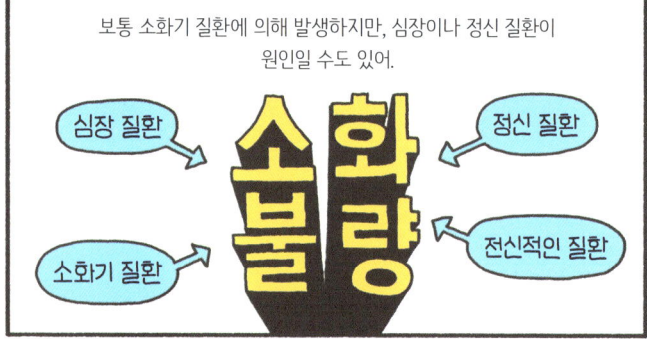

음식을 섭취한 후 일어나는 소화 장애

"아무래도 기남이는 징계를 받게 될 것 같죠?"

공주인은 우기남을 무섭게 혼내고, 징계를 받게 될 것이라고 겁을 주기는 했지만, 그렇다고 징계를 받도록 그냥 놔둘 수는 없었다. 그래서 선배들을 불러 대책을 의논하자고 한 것이었다.

구해조가 자신의 의견을 말했다.

"기남이가 장 파열 가능성을 확인하지 못한 건 맞지만, 처음 환자가 들어왔을 때는 증상이 전혀 없었다잖아요. 그러니까 크게 문제 삼지 않을 수도 있지 않을까?"

이로운이 동의했다.

"제 생각도 그래요. 그리고 아직 인턴인데, 이런 일로 징계를 내리는 건 좀 지나치다고 생각합니다."

그러나 공주인이 걱정스러운 표정으로 말했다.

"그러면 좋겠는데, 솔직히 박 교수님이랑 조 교수님이 좀 깐깐하시잖아요. 그냥 안 넘어가실 것 같은데……."

그때, 강훈이 의견을 말했다.

"내 생각은 좀 달라. 지금 어쩌다 보니, 마치 응급실과 외상센터의 환자 쟁탈전 같은 분위기가 되어 버렸잖아. 그런데 이 상황에서 기남이를 징계하면 응급실에서 실수한 것이 더 부각된단 말이지. 그건 교수님들도 별로 원하지 않으실 거야."

나선우가 눈이 동그래지며 맞장구쳤다.

"오, 정말 그러네요. 선배는 역시 보는 눈이 다르네요."

강훈은 실력만 뛰어난 게 아니라, 상황 판단이 빠르고 정확하다. 타고난 머리와 예리한 분석력과 판단력이 있기 때문이다. 그래서 강훈은 최고의 의사, 믿을 만한 선배로 인정받고 있는 것이다. 때로는 그것이 냉철하고 차가워 보여 '시베리아'라는 별명이 붙었지만 말이다.

나선우가 구해조를 보며 걱정스러운 표정으로 말을 이었다.

"그럼 해조도 별문제 없이 넘어가겠죠?"

그러자 구해조가 손사래를 치며 말했다.

"아이, 저는 괜찮아요. 징계를 받을 수도 있을 거라고 예상하고 한 행동이니까."

나선우가 버럭했다.

"그건 안 되지. 이제 조금만 있으면 전문의를 딸 건데, 징계를 받아 오점을 남길 수는 없지."

"걱정 마. 해조도 별문제 없을 거야."

강훈의 말에 장하다가 의견을 냈다.

"그럼 혹시 모르니까 훈이 네가 교수님들께 슬쩍 말씀을 드려 놓는 건 어때? 기남이와 해조가 잘못은 했지만, 징계는 하지 말아 달라고."

"알았어, 박 교수님과 조 교수님께 부탁드려 볼게."

강훈의 대답에 공주인은 안도의 한숨을 쉬었다. 그때, 이로운이 심란한 표정으로 말했다.

"그나저나 내일 어떻게 결론이 날지 걱정이네요."

나선우가 한숨을 쉬며 말했다.

"그러게 말이에요. 천재수가 온 날부터 어째 조용한 날이 없네요."

그리고 나선우의 말대로 다음 날 열린 전체 의사 회의도 시작부터 시끌벅적했다.

"응급실에 들어왔으면 당연히 응급실 환자지, 왜 마음대로 환자를 데려갑니까. 이건 의사로서 양심 없는 행위라고 생각합니다."

"그럼 뭐 하러 그 큰돈을 들여 외상 센터를 지었습니까? 중증 외상 환자를 받으려고 지은 거 아닙니까? 중증 외상 환자가 들어왔으면 당연히 외상 센터로 보냈어야죠."

"그래도 교수가  일정까지 잡았는데, 그걸 가로채다니요."

"아니, 무슨 말씀입니까? 환자 살리는 게 제일 중요하지, 교수 체면이 문제입니까?"

저마다 한마디씩을 하며 양쪽의 의견이 팽팽하게 대립하자, 분위기가 점점 험악해졌다. 이러다가는 정말 싸움이라도 날 것 같았다.

그런데 그때, 천재수가 벌떡 일어나며 외쳤다.

"제가 한 말씀을 드려도 되겠습니까?"

순간, 모두 조용해지며 천재수에게 시선이 쏠렸다. 천재수가 말을 이었다.

"제가 어제 환자를 외상 센터로 데려간 것은 환자를 살리는 가장 빠른 방법이라고 생각했기 때문입니다."

여기저기서 수군거리는 소리가 들렸다.

"자기가 잘했다는 거네."

"아직도 무슨 잘못을 했는지 모르네."

그러자 천재수가 크고 분명한 목소리로 말했다.

"그러나 응급실과 외상 센터 사이에 아직 환자 이송에 관한 규칙이 세워지지 않았다는 사실을 생각하지 못하고 제 의견만 주장했습니다. 그래서 이 자리를 빌려 교수님들께 먼저 양해를 구하지 못한 것에 대해 죄송하다는 말씀을 드리고 싶습니다."

사랑하는 간호사 햄프턴을 위해 장갑을 만들었다.

그러더니 박 교수와 조 교수를 향해 고개를 숙이는 것이 아닌가.

"죄송합니다."

갑작스러운 천재수의 사과에 모두 깜짝 놀랐다. 어제까지만 해도 자신은 잘못한 게 없다며 절대 뜻을 굽히지 않을 것 같았으니 말이다. 그런데 왜 갑자기 마음을 바꾼 것일까?

이유야 어떻든 천재수가 정중히 사과하자, 박 교수와 조 교수는 더 이상 깐깐하게 굴기 어렵게 됐다.

"아, 뭐…… 사과한다니까 받기는 하겠는데……."

박 교수가 얼버무리자, 조 교수도 말했다.

"이제라도 잘못을 인정하셨으니 받아들이겠습니다."

원장이 반가워하며 말했다.

"세 분 다 잘 생각하셨습니다. 이게 다 환자 살리고, 병원 잘 되라고 하는 일 아니겠습니까."

그러자 천재수가 단호한 목소리로 요청했다.

"하지만 이번 일을 계기로 응급실과 외상 센터 사이의 환자 분류와 이송에 대한 규칙은 반드시 세워야 합니다. 그리고 무엇보다 외상 센터의 설립 취지에 맞춰 중증 외상 환자는 꼭 외상 센터에서 맡아야 한다고 생각합니다."

결국 앞으로도 중증 외상 환자는 외상 센터로 데려가겠다는 말이다. 사람들이 다시 웅성거리자, 이번에는 응급 의학과 이치유 교수가 일어나 자신의 의견을 말했다.

"응급실을 책임지고 있는 사람으로서 제 생각을 말씀드리겠습니다. 사실 외상 센터를 설립한 이유는 응급실이 밀려드는 환자를 제때 치료하지 못하는 상황이 발생할 우려가 있었기 때문입니다. 특히 중증 외상 환자가 들어오게 되면, 다른 환자들의 치료 순서가 밀리면서 환자나 보호자들의 항의가 지속된 것이 문제였습니다. 그러니 환자가 응급실에 들어왔더라도 환자 상태를 체크해 중증 외상 환자로 분류되는 경우에는 외상 센터로 이송해야 한다고 생각합니다."

이때 강훈도 나섰다.

"저도 교수님의 말씀에 동의합니다. 119 구급대원이나 보호자들은 환자를 데리고 응급실로 가야 하는지, 또는 외상 센터로 가야 하는지 구분하기가 쉽지 않습니다. 그러니 응급실이든 외상 센터든 환자가 들어오면 환자의 상태를 체크하고, 이송이 필요하면 언제든 자유롭게 이송할 수 있도록 해야 한다고 생각합니다."

강훈의 말에 의사들 중 몇몇은 동의한다는 듯 고개를 끄덕였다. 그러자 원장이 모두에게 물었다.

"반대 의견을 가진 분들 계십니까?"

「보건 의료 기본법」에 의해 정해져 있다.

사람들이 웅성거렸다. 그러나 선뜻 나서서 반대하는 사람은 없었다. 응급실과 외상 센터를 직접 맡고 있는 이 교수와 강훈이 말을 하니 반박할 수가 없는 것이다.

원장이 의견을 말했다.

"응급 의학과 이치유 교수와 강훈 선생이 낸 의견에 동의하시는지 거수를 통해 결정하겠습니다. 자, 찬성하시는 분 손들어 주세요."

그러자 참석 인원의 70퍼센트가량의 인원이 손을 들었다. 원장이 결과를 말했다.

"그럼 앞으로는 환자가 이송되면, 언제든 중증 외상 환자는 외상 센터로, 그렇지 않을 경우는 응급실에서 치료하는 것을 원칙으로 결정하겠습니다."

"와!"

모두 박수로 회의를 마무리했다. 결국 천재수가 바라는 대로 결론이 난 것이다. 또 강훈이 박 교수와 조 교수에게 미리 잘 말해 둔 덕분에 우기남과 구해조의 징계 건은 거론도 되지 않았다.

회의를 마치고 나오자, 나선우가 이로운에게 속삭였다.

"천재수가 웬일이야? 사과를 다하고."

천재수는 무슨 일이 있어도 자신이 옳다고 주장하지, 절대 먼저 사과할 성격이 아니기 때문이다. 그런데 사실 그렇게 하게 만든 사람이 있었으니, 바로 장하다였다.

장하다는 천재수가 계속 자기 고집만 피우면, 오늘 회의가 결론을 내기는커녕 감정 싸움이 될 것이라는 생각이 들었다. 그래서 어젯밤 아이들과 헤어진 후, 천재수에게 전화했다.

"재수야, 1층 카페로 잠깐 나올래?"

"네, 선배."

천재수는 학교 다닐 때부터 장하다의 말은 잘 들었다. 장하다가 워낙 착하고 후배들에게 잘해 주었기 때문이다. 장하다와 만나자, 천재수가 먼저 물었다.

"제가 잘못했다고 하시려는 거죠?"

장하다가 손사래를 치며 말했다.

"아니야. 네가 잘못했다는 게 아니라, 지금 잘하지 않으면 이제 막 개원한 외상 센터가 위기에 빠질 수도 있다는 생각이 들어서……."

사실 천재수도 환자를 외상 센터로 데려가면 시끄러워질 거라고는 생각했다. 하지만 전체 의사 회의가 열릴 정도로 파장이 클 것이라고는 예상하지 못했다. 그리고 이제야 자신이 한 행동이 외상 센터의 위상에 위기를 가져올 수 있다는 것을 감지하고, 어떻게 해야 할지 고민하고 있던 참이었다.

"그래서 저도 방법을 고민하고 있어요."

천재수의 대답에 장하다가 자신의 생각을 전했다.

"사실 이번 일은 네가 교수님들의 감정을 상하게 만들었기 때문인 것 같아. 사전에 잘 설명하고 양해를 구했으면 교수님들도 이렇게 화를 내시지는 않았을 거야."

천재수가 괴로운 표정으로 물었다.

"그럼 이제 어떻게 해야 할까요?"

장하다가 조언했다.

"내일 회의가 열리면, 일단 교수님들께 사과부터 해."

천재수가 화들짝 놀라며 되물었다.

"사과를 하라고요?"

절대 사과하고 싶지 않은 표정이었다. 장하다가 차분하게 설득했다.

"사과부터 하면 교수님들의 마음이 좀 풀어지실 거 아냐. 그때 네 생각을 잘 이야기하면 교수님들도 무조건 반대하시지는 않을 거란 말이지."

천재수가 가만히 듣고 있자, 장하다가 물었다.

"지금 너한테 가장 중요한 게 뭐니? 중증 외상 환자는 모두 외상 센터에서 치료한다, 이거 아냐?"

"맞아요."

그것이 외상 센터의 존재 이유이고, 앞으로도 외상 센터가 제 몫을 할 수 있는 기반이기 때문이다.

천재수가 대답하자, 장하다가 말했다.

"그러니까 무조건 우기기만 할 게 아니라, 일이 될 수 있는 방향으로 해야지."

천재수가 동의하듯 고개를 끄덕이자, 장하다가 덧붙였다.

"그리고 솔직히 교수님들께 허락도 안 받고 환자를 이송한 건 잘못한 거야."

천재수가 변명했다.

"그럴 시간이 없었다니까요. 환자가 위급한데……."

"알아, 알아. 환자 생명 이 가장 중요하지. 그러니까 이제 뒷수습을 잘해야 하지 않겠어? 그래야 환자 살린 것도 의미가 있지."

장하다의 긴 설득 끝에 천재수는 결국 사과하기로 마음먹었다.

"알았어요. 사과할게요."

그렇게 해서 천재수가 사과를 하게 된 것이고, 응급실과 외상 센터 간의 새로운 규칙이 만들어질 수 있었던 것이다.

최초의 생명체는 무엇이었을까?

생명은 살아서 숨 쉬고 활동할 수 있게 하는 힘을 말해.
그리고 생명이 있는 물체를 '생명체'라고 하지.

지구 나이 약 45억 6500만 년, 지구상에 나타난
최초의 생명체는 무엇이었을까?

지구 탄생 후 약 10억 년 동안 대기에는 산소가 거의 없었어.
이런 환경에서 최초의 생명이 탄생한 것으로 추정하고 있지.

스트로마톨라이트 화석을 만들어 낸 남세균으로 추정된다.

우기남, 진지해지다!

며칠 후, 공주인은 소화기 영양과 한대장 교수의 외래에서 어시스트를 하고 있었다. 그런데 아침부터 배가 살살 아픈 것이 컨디션이 좋지 않았다. 한 교수가 공주인의 낯빛을 살피더니 물었다.

"어디 아픈가? 얼굴빛이 좋지 않네."

공주인은 짐짓 괜찮은 척을 했다.

"잠을 좀 못 자서 그런가 봅니다. 괜찮습니다."

아프다고 하면 진료를 보는 동안 한 교수가 신경을 쓸 것 같아서였다.

잠시 후, 간호사가 환자와 보호자를 안내하며 말했다.

"송여진 환자입니다."

15세, 여자아이였다. 여진 엄마와 여진이가 자리에 앉자, 한 교수가 물었다.

"어디가 아파서 왔니?"

여진이가 배를 만지며 대답했다.

"배가 계속 아파서요."

엄마가 덧붙여 설명했다.

"자꾸 배가 아프다고 하고 설사를 자주 해서요. 공부하느라 스트레스를 받아서 과민성 대장 증후군이 생긴 게 아닌가 싶어서 왔습니다."

과민성 대장 증후군이라는 말에 공주인은 퍼뜩 의심이 갔다.

'나도 과민성 대장 증후군인가?'

과민성 대장 증후군은 대장이 과민해져 운동이 지나치게 활발해지거나 급격히 감소하여 설사나 변비가 발생하는 질환이다.

공주인도 최근 들어 자꾸 배가 아프고 설사를 했는데, 생각해 보니, 신경 쓸 데가 많거나 스트레스를 많이 받을 때 그런 증상이 있었던 것 같다.

그때, 한 교수가 여진이에게 물었다.

"복통이 시작된 지는 얼마나 됐니?"

"2주 이상 됐어요."

여진이의 대답에 한 교수가 말했다.

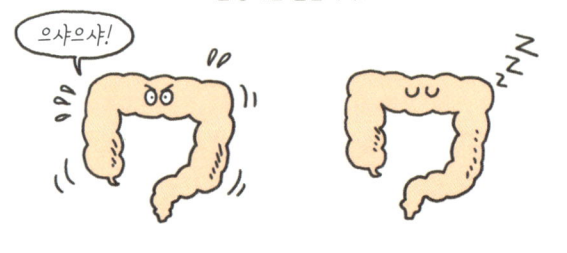

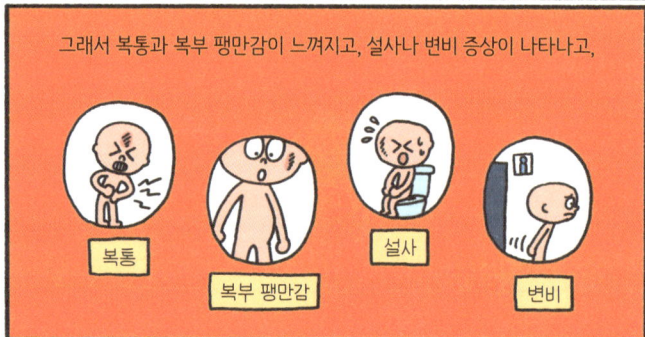

대장이 과민해져 비정상적으로 움직여 발생하는 질환

"배 좀 볼까?"

그러자 간호사가 여진이를 침대로 안내했다. 여진이가 침대에 눕자, 한 교수는 청진기를 여진이의 배에 대고 장음을 들었다. 장음은 섭취한 음식물과 공기가 장을 통과하면서 나는 소리다. 보통 1분에 5~34회 정도 꼬르륵 소리나 졸졸 흐르는 듯한 소리가 난다. 그런데 여진이의 장음은 정상보다 크고 빠르게 들렸다.

한 교수가 여진이의 배 여기저기를 누르며 물었다.

"아프니?"

"아!"

여진이가 신음했다.

"그럼 여기는?"

"거긴 괜찮아요."

여진이는 하복부를 누를 때 아프다고 했다. 한 교수가 자리로 가며 말했다.

"일어나도 돼."

여진이는 침대에서 일어나 옷을 챙겨 입고 다시 한 교수 앞의 의자에 앉았다. 한 교수가 물었다.

"변을 볼 때 피가 묻어 나온 적이 있니?"

"네, 몇 번 그런 적이 있었어요."

여진이의 대답에 여진 엄마가 덧붙였다.

"그래서 치질인가 생각하기도 했어요."

한 교수가 다시 물었다.

"항문 주위에 통증도 있니?"

"네, 조금요."

여진이가 대답하자, 한 교수가 간호사에게 부탁했다.

"열 좀 재 주세요."

간호사가 여진이의 귀에 체온계를 대고 열을 잰 후 말했다.

"37.9도입니다."

"미열이 있네."

한 교수가 고개를 끄덕이더니 물었다.

"최근에 체중이 급격하게 빠지지는 않았니?"

여진이가 눈이 동그래지며 대답했다.

"네, 한 달 동안 3킬로그램이나 빠졌어요."

한 교수가 묻고 여진이가 대답하는 사이, 공주인은 한 교수가 무엇을 의심하고 있는지 눈치챘다.

'크론병이네!'

아니나 다를까, 한 교수가 표정이 어두워지며 말했다.

"아무래도 크론병인 것 같습니다."

"크론병이요?"

강아지가 똥을 먹는다고?

강아지를 키우다 보면 똥을 먹는 경우가 있어. 이를 '식분증'이라고 하는데, 왜 그럴까?

어미 강아지는 새끼를 보호하기 위해 똥을 먹어 냄새를 지우기도 하는데, 이를 새끼 강아지가 따라할 수 있어.

내 새끼는 내가 지킨다!

때로는 똥을 장난감이라고 생각하고 놀다가 입에 넣을 수도 있고,

장난감인가?

영양소가 부족하다고 느꼈을 때도 똥을 먹는 행동이 나타날 수 있지.

배고파.

여러 가지 원인이 있으니 찾아서 고쳐 줘야 한다.

여진 엄마가 묻자, 한 교수가 설명했다.

"네, 크론병은 만성적으로 진행되는 염증성 장 질환의 일종인데요. 입에서 식도, 위, 소장, 대장, 항문까지 소화관 전체에 걸쳐 염증이 발생할 수 있는 병입니다."

크론병은 환경적 요인, 유전적 요인, 면역학적 요인, 세균이나 바이러스 감염 등 다양한 요인들이 복합적으로 작용하여 환자의 소화 기관에서 비정상적인 면역 반응이 발생하고, 이로 인해 만성적인 염증이 발생하는 질환이다.

여진 엄마가 걱정하며 물었다.

"위험한 병인가요?"

한 교수가 대답했다.

"위험한 병이라기보다는 완치가 안 되는 병이라고 할 수 있습니다. 또 제때 치료하지 못하거나 관리가 잘 안 되면 장 협착과 같은 합병증이 나타날 수 있기 때문에 평생 관리를 잘 해야 하는 병입니다."

장 협착은 장의 통로가 좁아져 서로 붙는 것을 말한다. 한 교수의 대답에 여진 엄마와 여진이는 놀라서 얼굴이 하얗게 됐다. 그저 스트레스로 인한 과민성 대장 증후군일 거라고 생각하고 왔는데, 완치할 수 없는 병이라니.

실제로 과민성 대장 증후군과 크론병은 만성적인 복통, 설

사 등 나타나는 증상이 비슷해 간혹 잘못 진단되는 경우가 있다. 크론병의 경우, 열이 있다거나 체중 변화가 있다는 것이 차이점이다.

또 과민성 대장 증후군은 신경성 질환인 반면에, 크론병은 자가 면역 질환이다. 자가 면역 질환은 세균, 바이러스, 이물질 등 외부 침입자로부터 내 몸을 지켜주어야 할 면역 세포가 자신의 몸을 공격하는 병이다. 그래서 과민성 대장 증후군은 약물로 치료가 가능하지만, 크론병은 완치될 수 없으며 평생 관리가 필요하다.

한 교수가 말했다.

"일단 정확한 진단을 위해서 검사를 해 봐야 할 것 같은데요. 검사 항목이 많아서 입원을 해서 검사해야 합니다."

크론병을 진단하기 위해서는 혈액 검사, 대변 검사, 엑스레이 검사, CT 소장 조영술, 대장 내시경 등 여러 가지 검사를 해야 하기 때문이다.

여진 엄마가 어두워진 표정으로 대답했다.

"네, 알겠습니다."

한 교수가 간호사와 공주인에게 말했다.

"입원하는 것 도와드리고, 검사 진행해 주세요."

"네!"

크론병

크론병은 입에서 항문까지 소화 기관 곳곳에 염증이 생기는 질환이야.

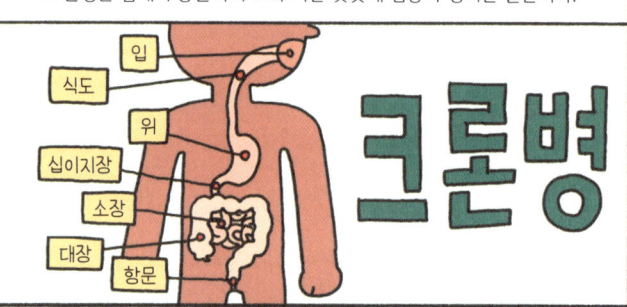

1932년, 크론이 처음 보고해서 '크론병'이라고 이름 지었지.

발병 원인이 밝혀지지는 않았지만, 면역 세포가 자신의 장 세포를 공격해 염증이 발생하는 '자가 면역 질환'으로 알려져 있어.

자가 면역 질환 세균, 바이러스, 이물질 등으로부터 내 몸을 지켜 주어야 할 면역 세포가 자신의 몸을 공격하는 질환

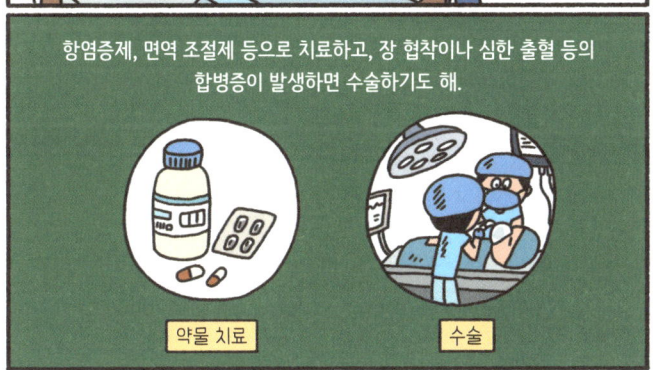

소화 기관에 염증이 생기는 만성 질환

공주인과 간호사가 동시에 대답했다.

"제가 안내해 드릴게요."

간호사의 말에 여진 엄마와 여진이는 간호사를 따라 나갔다. 여진이는 곧바로 입원 수속을 하고 병동에 입원했다. 그리고 혈액 검사를 위해 혈액을 채취하고, 가슴과 복부 엑스레이를 찍었다. 또 대변 검사를 위해 대변을 채취했다.

혈액 검사는 염증 수치를 확인하기 위한 것이다. 그리고 대변 검사는 장내 염증 상태를 반영하는 분변 칼프로텍틴 검사와 설사의 원인이 세균에 의한 것은 아닌지 확인하기 위한 검사 등을 하는 것이다.

잠시 후, 혈액 검사 결과가 먼저 나왔는데, 염증 수치가 꽤 높았다. 이미 장내 염증이 상당히 많이 퍼져 있다는 뜻이다. 또 복통을 일으킨 원인이 다른 질환 때문인지를 확인하기 위해 기생충 검사, 바이러스 PCR 검사 등도 실시했는데, 별 이상이 없었다. 기생충이나 바이러스에 의한 질환은 아니라는 것이다.

여진이는 대장 내시경 검사를 하기 위해서 약을 복용했다. 대장 내시경을 하기 위해서는 장이 다 비워져야 하기 때문이다. 다음 날, 여진이는 대장 내시경 검사를 했다. 검사는 소화기 내시경 전문의 나보인 선생이 맡았다.

여진이가 잔뜩 긴장해 있자, 나 선생이 여진이의 손을 잡아 주며 말했다.

"잠깐 자고 나면 끝나니까 긴장 안 해도 돼."

대장 내시경 검사는 수면 마취를 하고 진행한다. 수면 마취는 정맥에 마취제를 주입하여 환자를 잠들게 함으로써 불편함, 불안감, 통증 등을 줄이는 검사 방법이다. 이때 환자는 호흡과 심혈관 기능을 유지하며 가벼운 의사소통이나 자극에 반응하는 반수면 상태에 빠지게 된다.

"네."

여진이가 대답하자, 나 선생이 말했다.

"자, 그럼 시작할게."

그러자 간호사는 여진이의 정맥에 연결에 놓은 도관에 마취제를 주입했다. 나 선생은 항문을 통해 내시경을 삽입하고 대장 내부를 관찰해 염증이 있는 부위를 확인했다.

그 결과, 장을 따라 길게 나타나는 종주형 궤양과 자갈밭처럼 보이는 조약돌 점막 형태가 관찰됐다. 이는 크론병의 대표적인 증상이다.

여진이는 대장 내시경 검사 후, 소장에도 염증이 있는지 확인하기 위해 CT 소장 조영술을 실시했다. 소장의 벽을 관찰하기 위해 장 조영제를 투여한 후 CT 촬영을 하는 검사이다.

대장 내시경 검사는 항문을 통해 내시경을 삽입해 대장을 관찰하는 검사야.

대장에 염증, 용종, 종양 등이 있는지 진단하기 위해 실시하지.

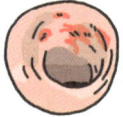
염증
손상, 자극을 받을 때 일어나는 세포나 혈관의 반응

용종
점막이 비정상적으로 자라서 혹처럼 돌출된 병변

종양
조직이나 세포가 비정상적으로 계속 성장하는 것

대장 내시경을 하려면 처방된 관장약을 복용해서 장을 깨끗하게 비워야 해.

관장약
대변을 빨리 나오게 하거나, 강제로 배변시켜 주는 약

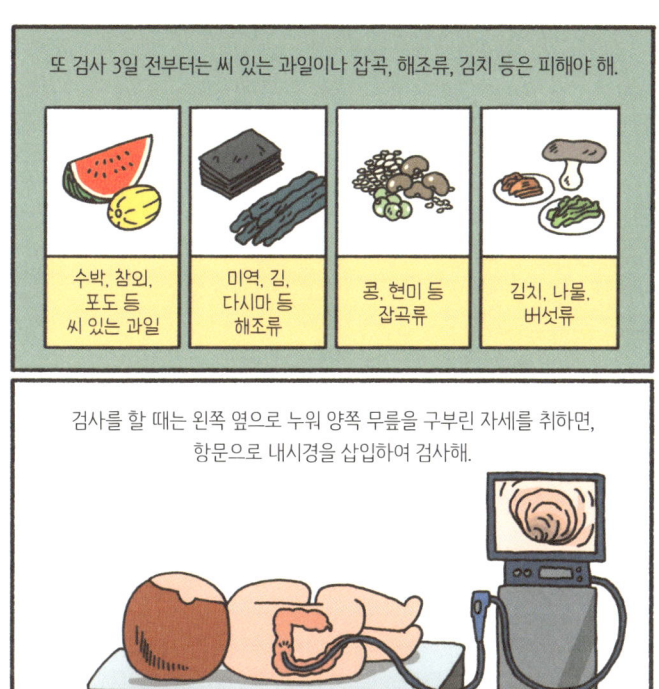

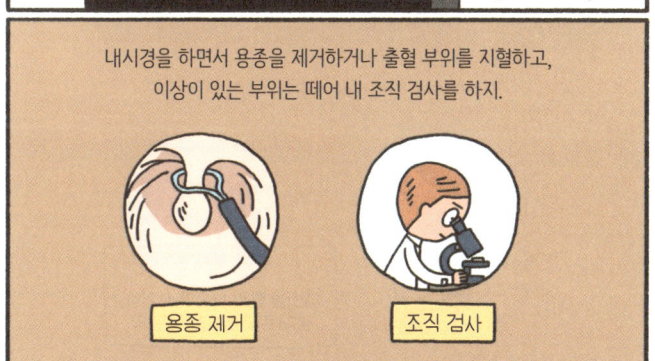

항문을 통해 내시경을 삽입해 대장을 관찰하는 검사

그 결과, 염증에 의해 소장이 불규칙하게 좁아진 부분이 두 군데 이상 확인됐다. 그리고 이 모든 검사 결과를 종합해 여진이는 크론병으로 진단됐다.

다음 날 아침 회진 시간, 공주인은 한 교수, 우기남과 함께 여진이를 만났다.

한 교수가 여진 엄마에게 물었다.

"검사 결과는 들으셨죠?"

"네, 들었습니다."

여진 엄마가 속상해하자, 한 교수가 위로했다.

"약 먹고, 살 관리하면 괜찮으니까 너무 걱정하지 마세요."

크론병은 항염증제와 항생제를 먹어 염증을 줄이는 방향으로 치료한다. 하지만 좋아졌다, 나빠졌다를 반복하는 병이기 때문에 평생 약을 복용해야 할 수도 있다. 또 약으로 잘 안 나으면, 면역 치료제를 주사로 맞을 수도 있다. 그러니 여진 엄마가 걱정이 많은 것이다.

"자, 그럼 퇴원하고, 일주일 후에 외래에서 뵐게요. 여진아, 약 꼬박꼬박 잘 먹어. 알았지?"

한 교수의 말에 여진이가 고개를 끄덕이며 대답했다.

"네."

"감사합니다, 교수님."

여진 엄마가 고개 숙여 인사하자, 한 교수도 인사하고 병실을 나갔다. 공주인과 우기남도 재빨리 인사하고 한 교수를 따라 나왔다.

그런데 공주인이 병실에서 나오자마자 배를 움켜쥐며 신음했다.

"아!"

한 교수와 우기남이 깜짝 놀라 물었다.

"왜?"

"아프세요?"

공주인이 손사래를 치며 괜찮은 척을 했다.

"아니, 괜찮아요."

우기남이 며칠 전 공주인이 배 아파했던 것을 기억하고 말했다.

"선배, 며칠 전에도 배 아프다고 했잖아요."

그러자 한 교수가 말했다.

"그랬어? 그럼 진료를 받아야지."

공주인이 사실대로 털어놓았다.

"과민성 대장 증후군인 것 같아요. 심하지 않으니까 괜찮습니다."

이틀 전, 여진이의 진료를 보며 자신의 증상과 여진이의 증상을 비교해 본 결과, 자신은 과민성 대장 증후군이라는 결론을 내렸던 것이다.

한 교수가 나무라듯 말했다.

"알면서 왜 약을 안 먹어. 약 먹으면 괜찮아지는데. 따라와. 외래에서 처방해 줄게."

공주인이 미안한 표정으로 인사했다.

"네, 감사합니다, 교수님."

그러고는 한 교수를 따라갔다. 우기남은 그런 공주인을 안타깝고 미안한 표정으로 지켜봤다.

그런데 점심시간이었다. 공주인은 구해조와 함께 직원 식당에서 밥을 먹기로 했다. 줄을 서고 있는데, 언제 왔는지, 우기남이 뒤에 와서 섰다. 그러더니 물었다.

"선배, 약 지어 왔어요?"

"응."

공주인이 대답하자, 구해조가 물었다.

"너, 어디 아파?"

"그냥 과민성 대장 증후군이에요."

공주인의 대답에 구해조가 걱정스러운 표정으로 말했다.

"아유, 그럼 조심해야지."

그때, 공주인과 구해조가 먹을 것을 쟁반에 담을 순서가 되었다. 공주인은 칼국수를 골라 쟁반에 담았다. 그런데 우기남이 화들짝 놀라며 소리쳤다.

"안 돼요. 밀가루는 소화가 잘 안 되잖아요. 당분간 드시지 마세요."

그러더니 공주인의 쟁반에 놓인 칼국수를 다시 제자리에 놓는 것이 아닌가. 공주인이 어이없는 표정으로 말했다.

"야, 나 칼국수 좋아해."

그러나 우기남은 쌀밥을 공주인의 쟁반에 놓으며 단호한 목소리로 말했다.

"아니요, 밥 드세요."

구해조가 웃으며 우기남의 편을 들었다.

"그래, 기남이 말이 맞아. 밀가루보다는 밥이 낫지."

구해조 말에 공주인은 할 수 없이 대답했다.

"네……."

공주인은 구해조를 선배로서 좋아하고 존경하기 때문에 구해조의 말을 잘 따른다. 다음은 반찬을 집을 차례였다. 공주인이 돈가스를 보고 반기며 말했다.

"와, 돈가스네!'

공주인은 돈가스를 아주 좋아한다. 그래서 얼른 돈가스가 담긴 접시를 집었는데, 또 우기남이 막으며 말했다.

"기름진 것도 안 돼요."

돈가스는 돼지고기를 기름에 튀긴 것이기 때문이다. 공주인이 입을 삐죽 내밀며 말했다.

"나, 돈가스 좋아한단 말이야."

그러나 우기남은 아랑곳하지 않고, 아예 공주인의 반찬을 골라 담아 주었다.

"두부랑 가지찜 그리고 감자조림. 이렇게 드세요."

모두 공주인이 별로 좋아하지 않는 반찬이었다. 공주인은 참다못해 화를 냈다.

"내 밥인데, 왜 네 맘대로 정해."

우기남은 지지 않고 말했다.

"다 과민성 대장 증후군에 좋은 음식 이에요."

그런데 그때, 뒤에서 기다리던 사람들이 재촉했다.

"빨리 좀 갑시다."

결국 공주인은 우기남이 담아 준 대로 가져올 수밖에 없었다. 공주인은 자리에 앉으면서도 입을 쭉 내밀고 불만스러운

표정이었다. 그리고 우기남이 자신의 앞에 앉으려고 하자, 퉁명스럽게 말했다.

"야, 너 저리로 가."

그러나 우기남은 능청스럽게 웃으며 공주인의 앞자리에 앉았다.

"아이, 같이 좀 먹을게요. 헤헤."

우기남은 어떤 상황에서도 개그하는 것처럼 장난스럽게 받아넘기고 웬만해서는 주눅이 들지 않는다. 이런 때야 그냥 웃고 넘어갈 만한데, 문제는 공주인에게 혼이 날 때도 그럴 때가 있다는 것이다. 그리고 그것이 오히려 공주인의 화를 돋우는 경우가 많다.

공주인은 어이없는 표정으로 고개를 절레절레 흔들었다. 그러자 구해조가 우기남의 마음을 알아줬다.

"그래, 기남이가 네 생각해서 그런 거잖아."

그러나 공주인은 여전히 뿔난 목소리로 말했다.

"그래도 이게 뭐예요. 완전 풀밭이잖아요."

고기는 하나도 없고, 채소밖에 없다는 뜻이다. 하지만 그렇다고 굶을 수는 없는 일이다. 공주인은 할 수 없이 밥을 먹기 시작했다. 구해조와 우기남도 웃으며 밥을 먹는데, 공주인이 갑자기 우기남을 의심스러운 눈초리로 바라보며 물었다.

"가만, 갑자기 내 생각해 주는 게…… 수상하네. 너 또 일 저지른 거 아냐?"

"아니에요. 선배는 제가 뭐 맨날 일만 저지르는 사람으로 보이세요?"

우기남이 억울한 듯 손사래를 치자, 공주인은 당연하다는 듯 말했다.

"맞잖아."

우기남은 반론을 펼치려다 이내 인정하고 말았다.

"아니…… 맞긴 하죠."

인턴 생활 1년 동안 잊어버리고, 실수한 일이 한두 가지가 아니기 때문이다. 특히 며칠 전 중증 외상 환자 건으로 병원을 들었다 놨다 했으니, 그런 적 없다고 잡아뗄 처지가 못 되는 것이다.

우기남이 미안한 표정으로 말했다.

"그래서 이제부터는 정신 똑바로 차리고 일할 거예요."

그러자 공주인이 의외라는 표정으로 물었다.

"왜?"

정신 차리고 일하겠다는데, 왜라니. 이렇게 말하면 잘 생각했다, 앞으로 잘해라 말해 줘야 하는 것 아닌가. 예상치 못한 질문에 우기남이 어리둥절한 표정으로 물었다.

"왜냐고요?"

공주인이 다시 물었다.

"그래, 갑자기 왜 안 하던 짓을 하겠다고 하냐고."

공주인의 말에 구해조가 웃음을 터뜨렸다.

"푹!"

우기남의 어리둥절한 표정이나, 굳이 정색하고 말하는 공주인의 반응이 웃겼기 때문이다. 그러더니 공주인에게 어르듯 말했다.

"기남이가 잘해 보겠다는데, 그렇게 말하면 섭섭하지."

하지만 공주인은 딱 잘라 말했다.

"못 믿겠으니까 그렇죠. 제가 혼낼 때마다 앞으로는 절대 안 그러겠다, 잘하겠다, 열 번은 더 맹세했을 걸요."

우기남은 공주인의 말을 부인할 수 없었다. 사실이기 때문이다. 우기남이 기죽은 표정으로 말했다.

"저 때문에 선배가 아프다고 하니까 미안해서……."

우기남은 지난번 공주인이 배가 아팠을 때, 자신 때문에 열받아서 아프다고 한 말을 마음에 두고 있었던 것이다. 우기남의 말에 공주인은 마음이 찔렸다. 이래저래 화도 나고 배도 아파서 우기남 탓을 한 것이었기 때문이다.

"아이참, 그건 그냥 화나서 한 말이지."

공주인이 말에도 우기남은 여전히 기죽어 말했다.

"아니에요. 저 때문에 아프실 만해요."

우기남이 갑자기 진지하게 나오자, 공주인은 미안한 마음이 들었다.

"야, 너 왜 그래. 내가 괜히 미안해지잖아."

공주인은 우기남을 항상 실실거리고 다니며 남을 웃기는 데 정신이 팔려 있는 아이라고 생각했다. 이렇게 다른 사람의 말이나 감정을 예민하게 받아들이는지 몰랐다.

그런데 구해조는 우기남이 갑자기 달라진 이유를 한눈에 알아챘다.

'기남이가 주인이를 좋아하나?'

공주인이 아프다고 하니까 살뜰히 보살피고, 또 뜬금없이 진지해지는 것으로 봐서는 그냥 미안해서 하는 행동이라고는 보이지 않았기 때문이다.

구해조가 얼른 상황을 정리했다.

"자, 자, 주인이는 앞으로 몸 관리 잘하고, 기남이는 사고 안 치는 걸로 하자. 일단 지금은 밥을 먹읍시다."

"네."

우기남이 대답하고 얼른 밥을 먹기 시작했다. 공주인도 밥을 먹으며 내심 반성했다.

'내가 좀 심하게 굴었나?'

그동안 솔직히 다른 인턴들이 실수했을 때보다 우기남이 실수했을 때 더 크게 혼을 낸 것도 사실이다. 하지만 그건 우기남을 아끼는 마음 때문이었다. 우기남은 의과 대학 후배이기도 하지만, 어린이 의사 양성 프로젝트 후배이기도 하기 때문이다.

공주인은 의사 어벤저스로 이름을 날리고 있는 선배들의 명성에 자신은 물론이고, 후배인 안젤라, 우기남도 누를 끼쳐서는 안 된다고 생각했다. 그러니 우기남에게 그렇게 대하는 것이 그 자신을 위해서도 더 좋을 것이라고 생각했던 것이다.

점심시간이 끝나고, 구해조는 응급실에 가서 당직을 섰다. 그런데 한 엄마가 어린아이를 업고 뛰어 들어오며 소리쳤다.

"선생님, 우리 영우 좀 봐 주세요."

최영우, 나이는 세 살이다. 구해조가 다가가 물었다.

"어디가 아픈가요?"

엄마가 대답했다.

"갑자기 배가 아프다고 데굴데굴 굴러요."

영우는 너무 아파서 기운이 없는 듯 아프다는 말도 안 하고, 축 처져 있었다. 구해조가 침대로 안내했다.

"이쪽으로 오세요."

영우 엄마가 아이를 눕히자, 최 간호사가 와서 말했다.

"체온부터 잴게요."

그러고는 영우의 귀에 체온계를 대고 체온을 쟀다.

"37.7도예요."

"열이 좀 있네요."

구해조가 물었다.

"언제부터 배가 아프다고 했나요?"

엄마가 대답했다.

"배가 아프다고 한 건 오늘 아침부터예요. 10일 전부터 감기에 걸려 고생하다 이제 좀 괜찮아졌나 했는데, 갑자기 배가 아프다고 하네요."

그렇다면 감기 때문일까? 감기에 걸렸을 때도 감염이나 체온 조절 과정에서 복통을 유발할 수 있기 때문이다. 또 인플루엔자 바이러스에 감염된 경우, 즉 독감에 걸렸을 때도 오심, 구토, 설사, 복통 등 위장관 증상이 나타날 수 있다. 그런데 감기나 독감일 때는 데굴데굴 구를 정도로 배가 아프지는 않다.

"토하기도 했나요?"

구해조가 묻자, 엄마가 대답했다.

"네, 두 번 토했어요."

그사이에 최 간호사가 혈압과 맥박 수를 재고 말했다.

"혈압은 112에 83, 맥박 수는 86입니다."

혈압이랑 맥박은 괜찮다. 구해조가 청진기를 귀에 꽂으며 말했다.

"진찰 좀 할게요."

그러자 최 간호사가 영우의 윗옷을 걷어 올렸다.

"아잉~."

영우가 칭얼대자, 엄마가 얼른 영우를 토닥이며 달랬다.

"괜찮아, 아픈 거 아니야."

구해조는 청진기를 영우의 배 여기저기에 대어 보며 장음을 들었다. 그런데 장음이 항진, 즉 크고 빨랐다.

'장염인가?'

그런데 그때였다.

"아, 아!"

영우가 갑자기 배를 움켜쥐며 아파했다. 그런데 다리를 끌어올려 배에 붙이고 몸을 비틀며 우는 것이었다.

구해조가 영우 엄마에게 물었다.

"배가 아팠다 안 아팠다 하는 간격이 어느 정도 되죠?"

"글쎄요, 5분에서 10분 정도 되는 것 같은데요."

그렇다면 장염이 아닐 수도 있다. 장염은 보통 30분~1시간 간격으로 아팠다 안 아팠다 하는데, 시간 간격이 너무 짧은 것이다.

구해조는 영우의 배 여기저기를 만져 봤다. 혹시 윌름스 종양이나 신경 모세포종이라면 종양이 딱딱하게 만져지기 때문이다. 다행히 만져지는 것은 없었다.

'장중첩증이네!'

구해조는 장중첩증으로 결론을 내리고 영우 엄마에게 진단 결과를 알렸다.

"장중첩증인 것 같습니다."

"장중첩증이요?"

영우 엄마가 뭔가 하는 표정으로 물었다.

"네, 장이 한쪽으로 말려 들어가는 병인데요. 6개월에서 36개월 사이의 영유아에게서 많이 발병하는 질환이에요."

장중첩증은 보통 소장과 대장이 만나는 부분에서 많이 생긴다. 소장과 대장의 굵기 차이에 의해 소장의 끝부분인 회장이 대장의 첫 부분인 맹장 안으로 들어가면서 발생하는 것이다.

어린아이들은 장의 힘을 받쳐 주는 근육이 미성숙하여 장이 움직이기 쉽기 때문에 감기나 장염에 걸려 임파선이 커지면 장끼리 끼어들어 가며 장중첩증이 발생하기 쉽다.

장중첩증이 생기면, 갑작스럽게 심한 복통이 나타난다. 이로 인해 다리를 복부에 붙이고 몸을 비틀며 괴로워하는데, 복통이 멈추면 조용해진다. 또 열이 나고 먹은 것을 토하고, 시간이 지나면 끈끈한 점액성의 혈변을 보기도 한다.

장중첩증은 아랫부분의 장이 윗부분의 장 속으로 말려 들어가는 질환이야.

보통 소장과 대장의 굵기 차이에 의해 소장의 끝부분인 회장이 대장의 첫 부분인 맹장 안으로 들어가면서 발생하지.

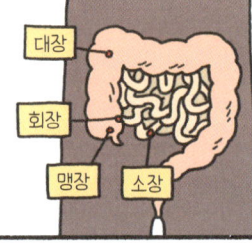
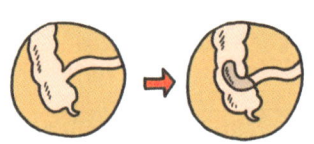

6~36개월의 영유아에게서 많이 발병하는데, 장의 힘을 받쳐 주는 근육이 미성숙해서 장이 움직이기 쉽기 때문이지.

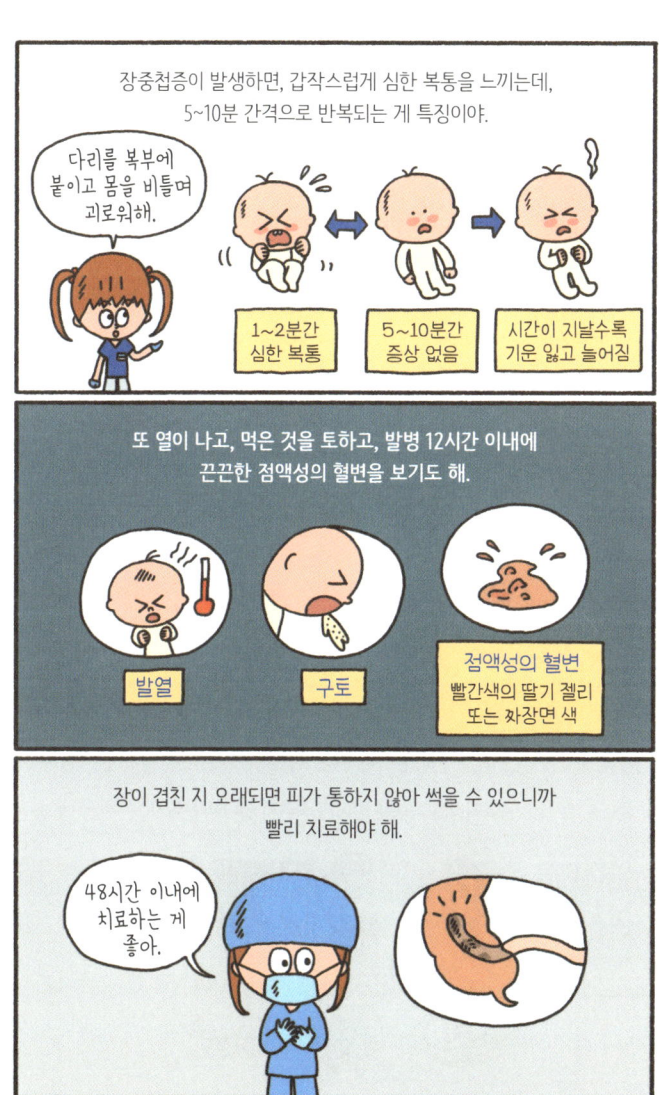

장이 한쪽으로 말려 들어가는 질환

구해조가 자세하게 설명해 주자, 영우 엄마가 걱정이 가득한 얼굴로 물었다.

"그럼 어떻게 해야 해요?"

구해조가 대답했다.

"먼저 혈액 검사, 엑스레이 검사, 초음파 검사를 해서 진짜 장중첩증인지 확인해 봐야 합니다. 그리고 장중첩증으로 진단되면 꼬인 장을 풀어 주는 시술을 해야 합니다."

장중첩증은 적절한 치료가 이루어지지 않을 경우에 심각한 합병증을 일으킬 수 있다. 장이 중첩된 상태로 풀리지 않으면 장 조직의 혈액 공급이 차단되어 장 조직이 손상될 수 있기 때문이다. 그렇게 되면 장 조직의 일부를 제거해야 할 수도 있다.

"그럼 얼른 해 주세요."

영우 엄마가 안타까운 표정으로 부탁했다. 영우가 너무 아파하니 빨리 낫게 해 주고 싶은 것이다.

구해조가 말했다.

"그럼 수액 주고 검사부터 하겠습니다."

수액을 충분하게 주면 혈류가 개선되면서 장 상태도 좋아지고, 그럼 꼬인 장이 잘 풀어지기 때문이다. 구해조는 데스크로 가서 수액을 처방하고, 검사를 의뢰했다.

잠시 후, 최 간호사는 혈관 주사를 놓을 준비물과 수액을 가지고 영우에게 갔다. 영우의 손등에서 정맥을 찾아 주삿바늘을 꽂고 도관을 연결한 후, 혈액 검사를 할 혈액을 채취했다. 그리고 도관에 수액 병을 연결했다.

"엑스레이 검사를 하러 갈게요."

최 간호사가 말하자, 간호조무사가 와서 영우를 엑스레이 촬영실로 데리고 갔다. 엑스레이로 복부를 찍어 장관 내의 가스 분포를 확인하여 장중첩증 가능성이 있는지 확인하는 것이다.

영우는 엑스레이 촬영을 마치고 복부 초음파를 찍었다. 그런데 대장의 횡단면(물체를 그 길이에 직각이 되게 가로로 잘라 생긴 면)을 찍은 결과, 장이 말려 들어가 겹쳐진 모양의 단면이 도넛처럼 보였다. 이는 장중첩증이라는 증거이다. 구해조의 예상대로 결국 영우는 장중첩증으로 진단됐다.

구해조가 진단 결과를 전하자, 영우 엄마가 물었다.

"꼬인 장은 어떻게 푸는 건가요?"

구해조가 설명했다.

"공기 정복술이라고 하는데요. 초음파를 보면서 항문으로 공기를 주입해 장을 부풀려서 꼬인 부분이 풀어지게 하는 시술이에요."

공기 정복술

장중첩증으로 진단되면 겹친 장을 풀어 줘야 해.
이러한 시술을 '정복술'이라고 하지.

整: 가지런할 정   復: 회복할 복

보통 공기를 사용하는데, 발병 48시간 안에 해야 해.

공기 정복술 48시간 이내

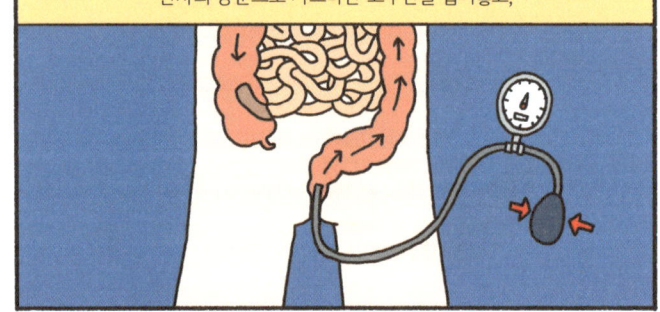

환자의 항문으로 가느다란 고무관을 집어넣고,

항문으로 공기를 불어 넣어 겹친 장을 풀어 주는 시술

풍선에 공기를 불어 넣으면 풍선이 빵빵하게 부풀려지는 것과 같은 원리다.

영우 엄마가 다시 물었다.

"한 번만 하면 되는 건가요?"

"한 번에 풀릴 수도 있고, 여러 번 해야 할 수도 있어요. 그래도 안 풀릴 경우는 수술을 해서 잡아당겨 펴 줘야 할 수도 있습니다."

구해조의 대답에 영우 엄마의 표정이 어두워졌다. 잠시 후, 구해조는 영우를 처치실로 데리고 가서 공기 정복술을 시행했다. 다행히 영우는 한 번의 시술로 장이 잘 펴졌다.

구해조가 소식을 전하자, 영우 엄마가 안도의 한숨을 쉬었다.

"휴, 다행이네요."

수술하지 않아도 된다니 안심이 되는 것이다. 구해조가 주의할 점을 알려 줬다.

"일단 금식을 해야 하는데요. 배 아픈 것이 나았으니, 재우시면 잘 잘 거예요. 좀 재우시고요. 4시간 정도 지난 후에는 물이나 유동식 을 먹이셔도 됩니다."

"퇴원은 언제 가능한가요?"

"물이랑 유동식을 먹였는데 괜찮으면, 엑스레이랑 초음파 찍어서 확인하고, 그것도 괜찮으면 퇴원하실 수 있어요."

"알겠습니다. 감사합니다."

엄마가 감사의 인사를 했다. 그리고 4시간 후, 영우는 물과 유동식을 잘 먹었다. 그래서 엑스레이를 찍어 공기가 새어 나가는 곳이 있는지 확인했다. 또 초음파로 장의 꼬인 부분이 잘 풀린 것도 확인했다.

"다 괜찮네요. 퇴원하셔도 됩니다."

구해조가 소식을 전하자, 영우 엄마가 영우에게 말했다.

"선생님께 감사하다고 인사해야지."

"감사합니다."

영우가 장난스러운 표정을 지으며 인사했다. 아까는 복통으로 힘들어 기운이 없었는데, 이제는 살 만해진 것이다.

"그래, 잘 가고 아프지 말아."

구해조가 웃으며 영우의 머리를 쓰다듬었다. 아픈 아이가 다시 건강을 찾아 즐거워하는 모습은 언제 봐도 기분이 좋다.

며칠 후, 구해조가 방에서 열심히 공부하고 있을 때였다. 내일이면 전문의 1차 시험이 있는 날이기 때문이다. 그런데 휴대 전화가 울려 보니, 천재수였다.

상온에서 액체 또는 반액체 상태로 제공되는 식사

'무슨 일이지?'

구해조가 전화를 받자, 천재수가 다짜고짜 물었다.

"의국이지?"

"네."

구해조가 대답하자, 천재수가 말했다.

"그럼 잠깐 휴게실로 나와."

"지금요?"

"응."

갑자기 뜬금없이 전화해 나오라니, 구해조는 의아했다. 그러나 싫다고 할 수도 없는 일이었다. 구해조가 대답했다.

"알았어요."

구해조는 공부하던 것을 덮고 휴게실로 나갔다. 천재수가 구해조를 보더니 반겼다.

"아, 여기!"

"무슨 일이세요?"

구해조가 묻자, 천재수는 대답 대신 물었다.

"그런데 왜 계속 존댓말을 해? 동기끼리."

왜 존댓말을 하냐니. 구해조가 어이없는 표정으로 말했다.

"존댓말하라고 했잖아요. 천 선생님은 펠로 2년 차고, 저는 아직 전문의도 못 딴 레지던트라면서."

천재수와 구해조는 어린이 의사 양성 프로젝트 3기로 동기이다. 그런데 천재수가 월반을 하고 조기 졸업을 하는 바람에 구해조보다는 2년이나 앞서가게 된 것이다. 그리고 천재수가 다시 나타난 날, 천재수는 그걸 콕 집어 지적하며 구해조에게 존댓말을 하라고 했던 것이었다.
　구해조가 은근히 비꼬아 말하자, 천재수가 피식 웃으며 말했다.
　"그건 일할 때 얘기지. 사적으로 만날 때는 예전처럼 하면 돼."
　그러자 구해조가 바로 반말을 했다.
　"그래? 그렇다면 반말할게. 그런데 왜 불렀어?"
　구해조가 다시 묻자, 천재수는 선물 봉투를 주며 말했다.
　"이거 주려고."
　'갑자기 웬 선물?'
　구해조는 의아하게 생각하며 물었다.
　"이게 뭔데?"
　"너 내일 시험 보잖아. 초콜릿이야. 기운 떨어질 때 먹고 딱 붙으라고."
　"아!"
　구해조는 천재수의 예상치 못한 친절에 당황했다.

설탕을 많이 넣어 만들기 때문이다.

"웬일이야? 선물을 다 주고."

구해조가 묻자, 천재수가 서운한 표정으로 말했다.

"웬일은. 학교 다닐 때도 내가 잘해 줬는데, 기억 안 나냐."

구해조는 그제야 생각이 났다. 천재수가 다른 사람들한테는 재수 없게 굴었어도 자신은 동기라고 꽤 챙겨 줬다는 것을. 너무 오래된 일이라 잊어버리고 있었던 것이다.

그런데 사실 천재수는 학교 다닐 때부터 구해조를 좋아하고 있었다. 천재수와 구해조가 처음 만난 건 어린이 의사 양성 프로젝트 선발 시험에서였다. 선발 시험에 응시한 대부분의 아이들은 천재수를 보자마자 수군거렸다. 천재가 왔으니, 자신들은 떨어질 게 뻔하다며, 천재수를 흘겨보는 아이들도 있었다.

그런데 구해조는 밝고 쾌활한 목소리로 천재수에게 손을 내밀며 말했다.

"오, 네가 그 천재라는 천재수구나! 난 구해조라고 해."

천재수는 엉겁결에 손을 맞잡았는데, 구해조가 활짝 웃으며 말했다.

"난 이번 시험에 꼭 붙을 거거든. 만약 너도 붙으면 우리 친하게 지내자."

그리고 정말 구해조의 말대로 둘 다 어린이 의사 양성 프로젝트 3기에 선발된 것이다. 천재수는 구해조와 동기가 된 것이 기뻤고, 그때부터 마음속으로 좋아하게 되었다. 그리고 미국에서 천재 외상 외과 의사로 이름을 날리던 천재수가 다사랑 어린이 종합 병원 권역 외상 센터로 오라는 제안을 받고 선뜻 들어올 결심을 한 것은 어느 정도 구해조 때문이었다. 구해조를 다시 보고 싶은 마음이 든 것이다.

"아, 그래. 고마워, 챙겨 줘서."

구해조가 인사하자, 천재수가 의기양양한 표정으로 말했다.

"그럼 너 시험 붙으면 내 덕이니까 밥 사라."

초콜릿 한 상자 주고, 밥을 얻어 먹으려고 하다니. 하기야 천재수의 왕재수 기질을 생각하면 이해가 가는 일이다. 구해조는 대수롭지 않게 대답했다.

"알았어, 밥 살게."

동기끼리 오랜만에 만났으니 밥 한번 먹는 것도 나쁘지 않겠다 싶었기 때문이다.

그런데 바로 그 순간을 그들을 보고 있는 사람이 있었으니, 바로 나선우였다. 나선우도 구해조에게 합격을 기원하는 선물을 주려고 왔다. 그리고 휴게실로 오는 구해조를 보고 반가워 부르려는데 그 순간, 천재수를 만나는 것을 보았다. 천재수한테 한발 늦은 것이다.

의사를 뽑는 과거 시험을 보거나, 동네 의원에서 의술을 배웠다.

'저 녀석이 왜 해조를 만나지?'

나선우는 옆 칸에 앉아 둘이 나누는 대화를 들었다. 그리고 천재수가 구해조와 친한 척 구는 것이 기분 나빴다.

'해조한테 잘해 줬다고? 언제? 난 기억이 하나도 안 나는데.'

나선우는 지금 천재수에 대해 큰 반감을 갖고 있다. 병원에 오는 첫날부터 잘난 척하더니, 응급실 환자를 갑자기 외상 센터로 빼내 오면서 병원을 대혼란에 빠지게 했기 때문이다.

물론 중증 외상 환자는 외상 센터에서 치료해야 한다는 천재수의 주장에는 동의한다. 하지만 계속 튀는 행동을 하는 천재수가 곱게 보이지 않았다.

'스타가 되고 싶은가 보네, 왕재수.'

나선우는 천재수가 외상 센터를 개원하자마자 자신의 존재감을 드러내고 싶어서 이런 행동을 하는 것이 아닐까 하는 생각이 들었다.

사실 이러한 생각은 학교 다닐 때부터 천재수를 그리 좋아하지 않았기 때문이기도 하다. 나선우는 후배로 들어온 천재수가 자신을 뛰어넘어 월반하는 것이 무척 샘이 나고 부러웠다. 나선우도 천재는 아니지만 그래도 수재 소리는 들었는데, 그런 나선우에게 의과 대학 공부는 너무 어려웠다. 그래도 사람들에게 인정받기 위해 열심히 공부했고, 나서기 좋아한다는 비아냥거림까지 들으며 최선의 노력을 했다. 그렇게 한 학년, 한 학년 올라가고 있었는데, 천재수는 너무나 쉽게 그 자리를 뛰어넘어 버리니, 나선우는 자신이 초라하게 느껴졌다.

  그런데 나선우는 천재수가 자신과 같은 학년으로 월반해 같이 수업을 들으면서 그가 왜 천재인지 깨달았다. 뭐든지 한 번 보면 쓱 외워 버리고, 맨날 노는 것 같은데 모든 과목을 A+를 받아 버리니 말이다. 그리고 또다시 위 학년으로 월반하는 천재수를 보며 나선우는 좌절할 수밖에 없었다.

  '나는 따라갈 수 없는 천재구나!'

  게다가 천재수는 자신이 잘난 것을 너무 잘 아는 아이였다. 늘 우쭐한 표정으로 다니며 사람들의 관심을 즐기는 것 같아 보였다. 나선우는 그런 천재수가 마음에 들지 않았다. 그런데 천재수가 외상 센터 팀장으로 온 후 하는 일련의 행동을 보니 그때의 감정이 다시 떠올랐다.

  그런 생각에 빠져 있는데, 천재수가 인사하는 소리가 들렸다.

  "그럼 공부 열심히 해."

  천재수와 헤어진 구해조가 자기 방으로 가는 듯하자, 나선우도 구해조의 방으로 갔다. 구해조가 방으로 들어가려는데,

나선우가 구해조를 불렀다.

"해조야!"

나선우의 목소리에 구해조가 뒤돌아보며 반겼다.

"선배!"

"잠깐 들어가도 되지?"

나선우가 묻자, 구해조가 문을 열어젖히며 말했다.

"네, 들어오세요."

방으로 들어가자, 구해조는 손에 들고 있던 선물 봉투를 책상 위에 놓았다. 나선우가 슬쩍 물었다.

"그건 뭐야?"

선물을 받은 것은 알았지만, 무엇을 받았는지는 잘 못 들은 것이다. 구해조가 대수롭지 않은 표정으로 말했다.

"초콜릿이요. 천재수가 시험 잘 보라고 주던데요."

초콜릿이라는 말에 나선우는 또 기분이 상했다. 자신도 초콜릿을 준비했기 때문이다. 구해조에게 주기 위해 요즘 인기가 많다는 초콜릿 가게에 가서 직접 사 온 것이다. 그런데 천재수가 먼저 초콜릿을 줬다니, 선수를 빼앗긴 기분이 들었다. 나선우가 난처한 표정으로 구해조에게 자신이 산 초콜릿을 내밀었다.

"그래? 나도 초콜릿을 샀는데……."

그런데 구해조가 초콜릿 상자를 보더니, 환하게 웃으며 말했다.

"정말요? 맛있겠다."

활짝 웃는 구해조의 표정에 나선우는 기분이 확 풀렸다. 그래서 은근히 생색을 냈다.

"이거 엄청 인기 많은 가게에서 산 거야."

"저도 SNS에서 봤어요. 진짜 맛있어 보이던데요."

그러더니 바로 상자를 열며 말했다.

"지금 먹어 볼래요."

그러고는 초콜릿 한 개를 꺼내 얼른 입에 넣고 말했다.

"음…… 진짜 맛있다. 입에서 살살 녹아요."

"원래 초콜릿은 입에서 녹아. 하하."

나선우는 좋아하는 구해조의 모습에 절로 웃음이 났다.

"아, 그러네요. 헤헤, 그래도 정말 맛있어요."

구해조가 초콜릿을 하나 더 꺼내 나선우에게 주며 말했다.

"선배도 먹어요."

"아니야, 너를 위한 건데, 네가 다 먹어."

나선우가 사양했지만, 구해조는 초콜릿을 나선우의 입에 넣어 주며 말했다.

"아니에요, 맛있는 건데 같이 먹어야죠."

나선우는 얼른 입을 벌려 초콜릿을 받아먹었다. 구해조의 말대로 입에 넣자마자 사르르 녹는 것이 정말 맛있었다.
"음~. 맛있네, 진짜."
그런데 바로 그때였다.
"뭐예요, 두 분?"
갑작스러운 소리에 뒤돌아보니, 공주인이 깜짝 놀란 표정으로 서 있었다. 공주인은 구해조와 방을 같이 쓴다. 그런데 들어와 보니, 구해조와 나선우가 초콜릿을 먹여 주며 다정하게 앉아 있는 것을 보고 놀란 것이다.
"두 분 사귀세요?"
공주인이 기막힌 표정으로 묻자, 구해조와 나선우가 동시에 손사래를 쳤다.
"아니, 아니야."
하지만 부인하면 뭘 하겠나. 딱 들켜 버렸는데.

어린이 종합 병원 응급 센터와 권역 외상 센터,
그곳엔 아주 특별한 의사들이 있다!

진정한 의사로 거듭나는
의사 어벤저스의 멋진 활약이 펼쳐진다.

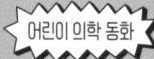

의사 어벤저스

❶ 전염병, 응급 센터를 폐쇄하라!
❷ 유전병, 위험한 고비를 넘겨라!
❸ 뇌 질환, 아픈 기억을 극복하라!
❹ 소화기 질환, 마음의 장벽을 넘어라!
❺ 뼈 질환, 실력을 키워라!
❻ 알레르기, 진짜 이유를 찾아라!
❼ 비뇨기 질환, 감정을 조절하라!
❽ 심장병, 너의 마음을 보여 줘!
❾ 피부 질환, 부드럽게 화해하라!
❿ 암, 희망을 가져라!
⓫ 구강 질환, 깨끗하게 경쟁하라!
⓬ 정신 질환, 마음이 아프다!
⓭ 내분비 질환, 호르몬이 문제야!
⓮ 감염 질환, 자만심을 경계하라!
⓯ 눈 질환, 보이는 게 전부는 아니야!

⓰ 혈액 질환, 아픈 만큼 자란다!
⓱ 이비인후과 질환, 내 마음을 들어 줘!
⓲ 신경 질환, 신호를 감지하라!
⓳ 근육 질환, 더 단단해져라!
⓴ 혈관 질환, 미래를 향해 나아가라!
㉑ 재난 의학, 중증 외상 환자를 살려라!
㉒ 복통, 위기를 감지하라!
㉓ 폐 질환, 가슴이 아프다!
㉔ 환경 응급, 주의를 기울여라!
㉕ 배변·배뇨 질환, 부끄러움을 이겨내라! (근간)

의사 어벤저스 시리즈는 계속됩니다!

글 고희정 + 그림 조승연 + 감수 류정민